管·理·落·地·笔·记·系·列

仓储管理
极简落地工作图解

时代华商企业管理培训中心
组织编写

Minimalist Landing
Work Diagram

化学工业出版社
·北京·

内容简介

《仓储管理极简落地工作图解》一书首先对仓库管理进行了概述；而后对仓库规划管理、物品入库管理、物品搬运管理、物品储存管理、物品出库管理、库存控制管理、仓库盘点管理、仓库现场管理等进行了详细阐述。

本书采用极简风格，只保留核心、实用的仓管知识和技巧；内容以实战为导向，紧密结合仓管工作实际情况，通过大量实际案例和经验分享，增强仓储管理人员的理解和应用能力；系统全面，为仓管人员提供了一套完整的仓库管理体系；方法和工具易于落地，仓管人员可直接应用于实际工作中。

本书适合仓储管理人员、物流从业人员及相关专业的师生阅读，旨在帮助读者快速掌握工作要领，提升工作效率。

图书在版编目（CIP）数据

仓储管理极简落地工作图解 / 时代华商企业管理培训中心组织编写． -- 北京：化学工业出版社，2025.6.（管理落地笔记系列）． -- ISBN 978-7-122-47689-0

Ⅰ．F253-64

中国国家版本馆 CIP 数据核字第 2025NP4016 号

责任编辑：陈　蕾　　　　　　　　　　装帧设计：溢思视觉设计／程超
责任校对：王鹏飞

出版发行：化学工业出版社（北京市东城区青年湖南街13号　邮政编码100011）
印　　装：三河市双峰印刷装订有限公司
787mm×1092mm　1/16　印张10³⁄₄　字数209千字　2025年7月北京第1版第1次印刷

购书咨询：010-64518888　　　　　　　售后服务：010-64518899
网　　址：http://www.cip.com.cn

凡购买本书，如有缺损质量问题，本社销售中心负责调换。

定　　价：78.00元　　　　　　　　　　　　　　　　　　版权所有　违者必究

前 言

在现代物流管理体系中,仓储作为供应链的关键环节,其运行效率直接关系企业的生产效率和市场竞争力。仓管人员作为仓储工作的执行者,承担着物资存储、管理、调配等重要职责,仓储工作的效率直接影响企业的整体运营效果。

为了帮助仓管人员更好地应对工作挑战,提升工作效率,我们编写了《仓储管理极简落地工作图解》一书,作为广大仓管人员的工作指南。本书梳理了仓储工作的核心要点,并结合最新的仓储管理理念和技术手段,为仓管人员提供一套系统、全面的工作方法和实用技巧。

本书首先对仓库管理进行了概述;再对仓库规划、物品入库、物品搬运、物品储存、物品出库、库存控制、仓库盘点、仓库现场管理等方面,进行了详细阐述。本书注重实操性,通过案例分析、流程图解、操作规范等多种形式,帮助仓管人员快速掌握工作要领,提升工作效率。

本书的特色与亮点:

极简风格:采用极简主义风格,去除冗余内容,只保留最核心、最实用的仓管知识和技巧,方便仓管人员快速查阅和学习。

实战导向:内容紧密结合仓管工作的实际情况,通过大量实际案例和经验分享,帮助仓管人员更好地理解和运用仓管知识。

系统全面:覆盖了仓管工作的各个方面,从仓库规划管理到仓储保管,再到仓储物资的质量控制,为仓管人员提供了一套完整的仓储管理体系。

易于落地:书中的方法和工具都经过精心筛选和验证,具有很强的可操作性和可落地性,仓管人员可以直接应用于实际工作中。

我们深知,仓储工作烦琐而复杂,希望这本书能够激发仓管人员的工作热情,提升他们的专业技能,使他们能够在仓储工作中得心应手,为企业的发展贡献力量。

由于编者水平所限,不足之处敬请读者指正。

编 者

目 录

导读一　仓储管理提升课程安排 ··· 1

导读二　仓管人员学习指南 ·· 3

导读三　培训老师使用指南 ·· 4

第一章　仓库管理概述 ·· 5

第一节　何谓仓库管理 ·· 6
一、仓库的重要性与功能 ··· 6
二、仓库管理的内容与目标 ·· 7

第二节　仓库管理的要点 ·· 9
一、仓库规划与布局 ··· 9
二、库存管理系统选择 ·· 10
三、人员配置与管理 ··· 13
四、安全管理体系建立 ·· 16
五、仓库信息化建设 ··· 17

第二章　仓库规划管理 ··· 21

第一节　仓库区位规划 ··· 22
一、仓区规划应考虑的因素 ·· 22
二、仓区规划的要求 ··· 22

三、仓区分类的方法……………………………………………………23
　　四、仓区分类的注意事项………………………………………………23
　　五、收料区域的设置……………………………………………………24

第二节　货位管理……………………………………………………………24
　　一、货位管理的要求……………………………………………………24
　　二、货位管理的内容……………………………………………………24
　　三、货位管理的原则……………………………………………………25
　　四、货位规划的要求……………………………………………………27
　　五、货位排列的形式……………………………………………………27
　　六、货位编号……………………………………………………………28

第三节　物料编码……………………………………………………………30
　　一、物料编码的含义……………………………………………………30
　　二、物料编码的作用……………………………………………………31
　　三、物料编码的原则……………………………………………………32
　　四、物料编码的方法……………………………………………………32
　　五、物料编码的注意事项………………………………………………33

第三章　物品入库管理……………………………………………………34

第一节　入库准备……………………………………………………………35
　　一、与各部门加强联系…………………………………………………35
　　二、妥善安排存放区域…………………………………………………35
　　三、制订入库计划………………………………………………………35
　　四、组织人力……………………………………………………………36
　　五、准备验收、装卸和搬运工具………………………………………37
　　　　相关链接　仓库常用的设备…………………………………………37
　　六、准备苫垫和劳保用品………………………………………………39
　　七、做好安全防护………………………………………………………39

第二节 物料入库 ································· 39
一、预接收物料 ································· 40
二、通知品质部检验 ································· 41
三、处理物料 ································· 42
四、损害赔偿 ································· 44

第三节 入库验收 ································· 44
一、验收前的准备工作 ································· 45
二、验收工作的要求 ································· 45
三、证件核对 ································· 46
四、数量验收 ································· 46
五、品质验收 ································· 47

第四节 入库后的登记 ································· 48
一、成品入库登记 ································· 48
二、半成品入库登记 ································· 51
三、入库单填制 ································· 52
四、明细账登记 ································· 52
五、设置物品保管卡 ································· 53
六、建立物品档案 ································· 54

第五节 退料入库 ································· 55
一、退料的类型 ································· 55
二、退料的处理方式 ································· 56
三、退料手续的办理 ································· 56
四、退料的存放与管理 ································· 57

第四章 物品搬运管理 ································· 58

第一节 物品搬运常识 ································· 59
一、搬运的原则 ································· 59

二、搬运的注意事项 59
　　　三、搬运的方法与工具 60
　　　　　相关链接　常见的物品运输标志 62
　　　四、搬运的要求 72

　第二节　物品的有效搬运 72
　　　一、有效搬运的体现 72
　　　二、提高搬运效率 73
　　　三、合理搬运 74

　第三节　特殊物品的搬运 77
　　　一、特殊物品的类别 77
　　　二、特殊物品搬运器具的选择 77
　　　三、特殊物品的搬运要领 77

第五章　物品储存管理 80

　第一节　仓储保管常识 81
　　　一、仓储保管要求 81
　　　　　相关链接　不同物品的保管要领 81
　　　二、仓储保管控制措施 85
　　　三、做好物品标识 85

　第二节　库存物品堆放 85
　　　一、物品堆放的原则 86
　　　二、物品堆放的方法 86
　　　三、物品堆放的注意事项 87
　　　四、特殊物品的堆放 90

　第三节　库存物品防护 90
　　　一、温湿度的控制 90
　　　二、霉菌的防治 91

　　　　三、虫害的防治……………………………………………………92

　　　　四、金属制品的防护………………………………………………94

　第四节　库存物品质量监督………………………………………………96

　　　　一、仓库日常质量监督……………………………………………96

　　　　二、库存物品稽核…………………………………………………98

　　　　三、库存物品定期检验……………………………………………99

　　　　四、呆料、废料的处理……………………………………………100

第六章　物品出库管理………………………………………………104

　第一节　物料发放控制……………………………………………………105

　　　　一、物料发放原则…………………………………………………105

　　　　二、领料制与发料制………………………………………………106

　　　　三、备料控制………………………………………………………109

　　　　四、出库物料搬运控制……………………………………………112

　　　　五、外协加工物料发放控制………………………………………114

　　　　六、物料发放常见问题处理………………………………………115

　第二节　成品出库控制……………………………………………………116

　　　　一、成品出库的要求………………………………………………116

　　　　二、出库前的准备工作……………………………………………116

　　　　三、成品出库的流程………………………………………………117

　　　　四、出货记录与报告………………………………………………119

　　　　五、出货异常情况处理……………………………………………122

第七章　库存控制管理………………………………………………124

　第一节　零库存与适当库存………………………………………………125

　　　　一、零库存的含义…………………………………………………125

二、零库存的目的 ····· 125

　　　三、适当库存的理念 ····· 125

　第二节　ABC库存分类管理 ····· 126

　　　一、ABC分类法的原理 ····· 126

　　　二、ABC分类法的实施 ····· 126

　　　三、ABC三类物料库存控制 ····· 127

第八章　仓库盘点管理 ····· 129

　第一节　盘点的目的与形式 ····· 130

　　　一、盘点的目的 ····· 130

　　　二、盘点的形式 ····· 130

　第二节　盘点准备与实施 ····· 131

　　　一、盘点工具 ····· 131

　　　二、盘点前的准备 ····· 134

　　　三、盘点实施 ····· 136

　第三节　盘点结果统计与处理 ····· 137

　　　一、盘点结果统计 ····· 137

　　　二、盘点结果处理 ····· 138

第九章　仓库现场管理 ····· 141

　第一节　仓库5S管理 ····· 142

　　　一、5S的含义 ····· 142

　　　二、5S执行要领 ····· 142

　　　三、5S执行中存在的问题 ····· 151

第二节　仓库安全管理 ………………………………………………………154
　　　　一、仓库意外事件 …………………………………………………………154
　　　　二、仓库安全管理 …………………………………………………………154
　　　　三、人员安全作业管理 ……………………………………………………155
　　　　四、仓库消防管理 …………………………………………………………156
　　　　五、物品安全管理 …………………………………………………………158
　　　　六、仓库防盗管理 …………………………………………………………158

附录　仓库管理常用术语 ………………………………………………160

导读一　　仓储管理提升课程安排

第一章　仓库管理概述

- ☐ 何谓仓库管理
- ☐ 仓库管理的要点

　　　　　　　　　时间安排：

第二章　仓库规划管理

- ☐ 仓库区位规划
- ☐ 货位管理
- ☐ 物料编码

　　　　　　　　　时间安排：

第三章　物品入库管理

- ☐ 入库准备
- ☐ 物料入库
- ☐ 入库验收
- ☐ 入库后的登记
- ☐ 退料入库

　　　　　　　　　时间安排：

第四章　物品搬运管理

- ☐ 物品搬运常识
- ☐ 物品的有效搬运
- ☐ 特殊物品的搬运

　　　　　　　　　时间安排：

第五章　物品储存管理

- ☐ 仓储保管常识
- ☐ 库存物品堆放
- ☐ 库存物品防护
- ☐ 库存物品质量监督

　　　　　　　　　时间安排：

第六章　物品出库管理

- ☐ 物料发放控制
- ☐ 成品出库控制

　　　　　　　　　时间安排：

导读一　仓储管理提升课程安排

第七章　库存控制管理

- ☐ 零库存与适当库存
- ☐ ABC库存分类管理

时间安排：

第八章　仓库盘点管理

- ☐ 盘点的目的与形式
- ☐ 盘点准备与实施
- ☐ 盘点结果统计与处理

时间安排：

第九章　仓库现场管理

- ☐ 仓库5S管理
- ☐ 仓库安全管理

时间安排：

说明：以上PPT图片可帮读者检测自学效果，培训老师也可将其作为课件使用。

导读二　仓管人员学习指南

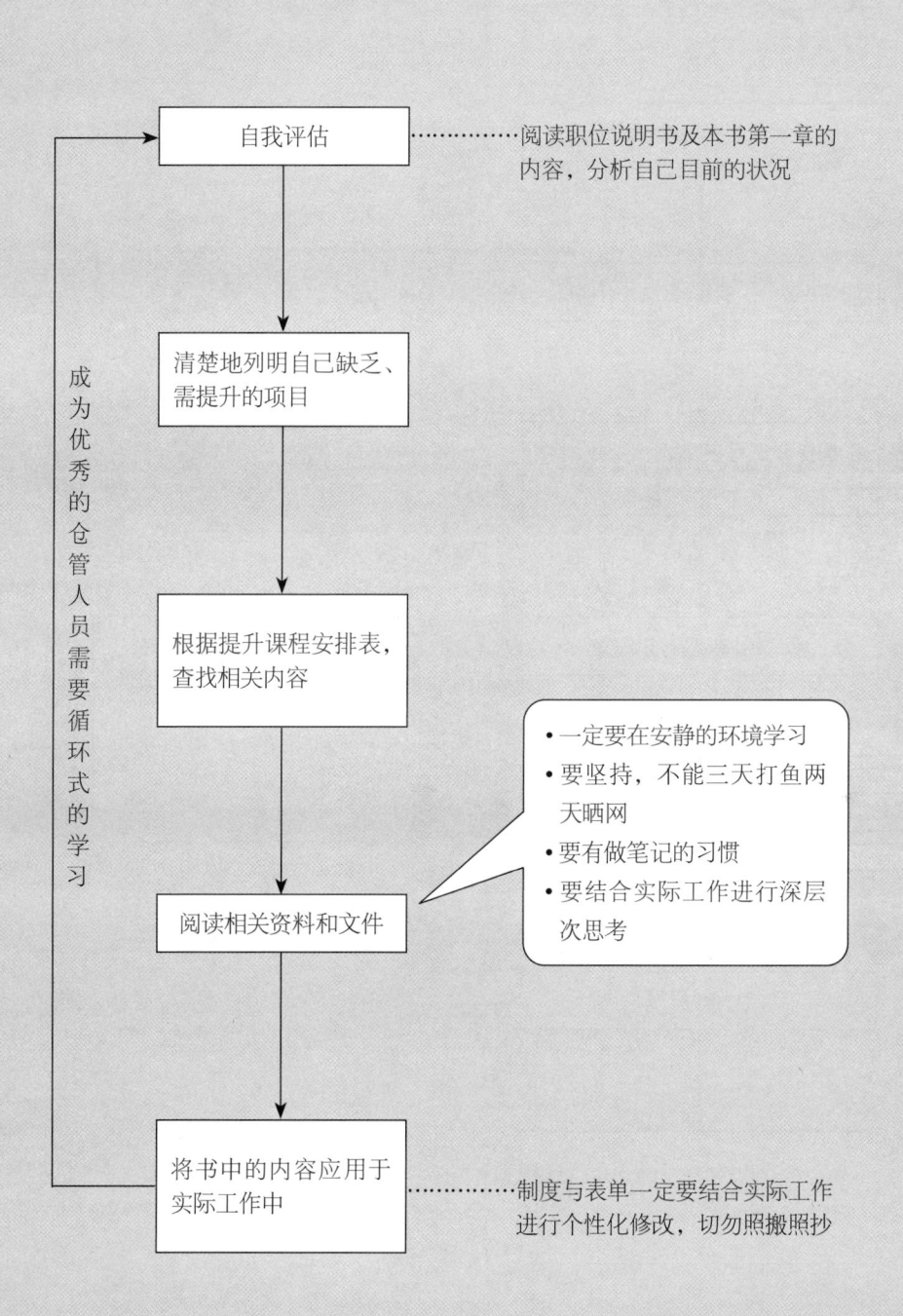

```
┌─────────────┐
│   自我评估   │ ············ 阅读职位说明书及本书第一章的
└──────┬──────┘              内容，分析自己目前的状况
       │
       ▼
┌─────────────┐
│清楚地列明自己缺乏、│
│需提升的项目      │
└──────┬──────┘
       │
       ▼
┌─────────────┐
│根据提升课程安排表，│
│查找相关内容      │
└──────┬──────┘
       │
       ▼                    • 一定要在安静的环境学习
┌─────────────┐           • 要坚持，不能三天打鱼两
│阅读相关资料和文件│◁─────     天晒网
└──────┬──────┘           • 要有做笔记的习惯
       │                    • 要结合实际工作进行深层
       ▼                      次思考
┌─────────────┐
│将书中的内容应用于│ ········ 制度与表单一定要结合实际工作
│实际工作中       │          进行个性化修改，切勿照搬照抄
└─────────────┘
```

成为优秀的仓管人员需要循环式的学习

导读三　培训老师使用指南

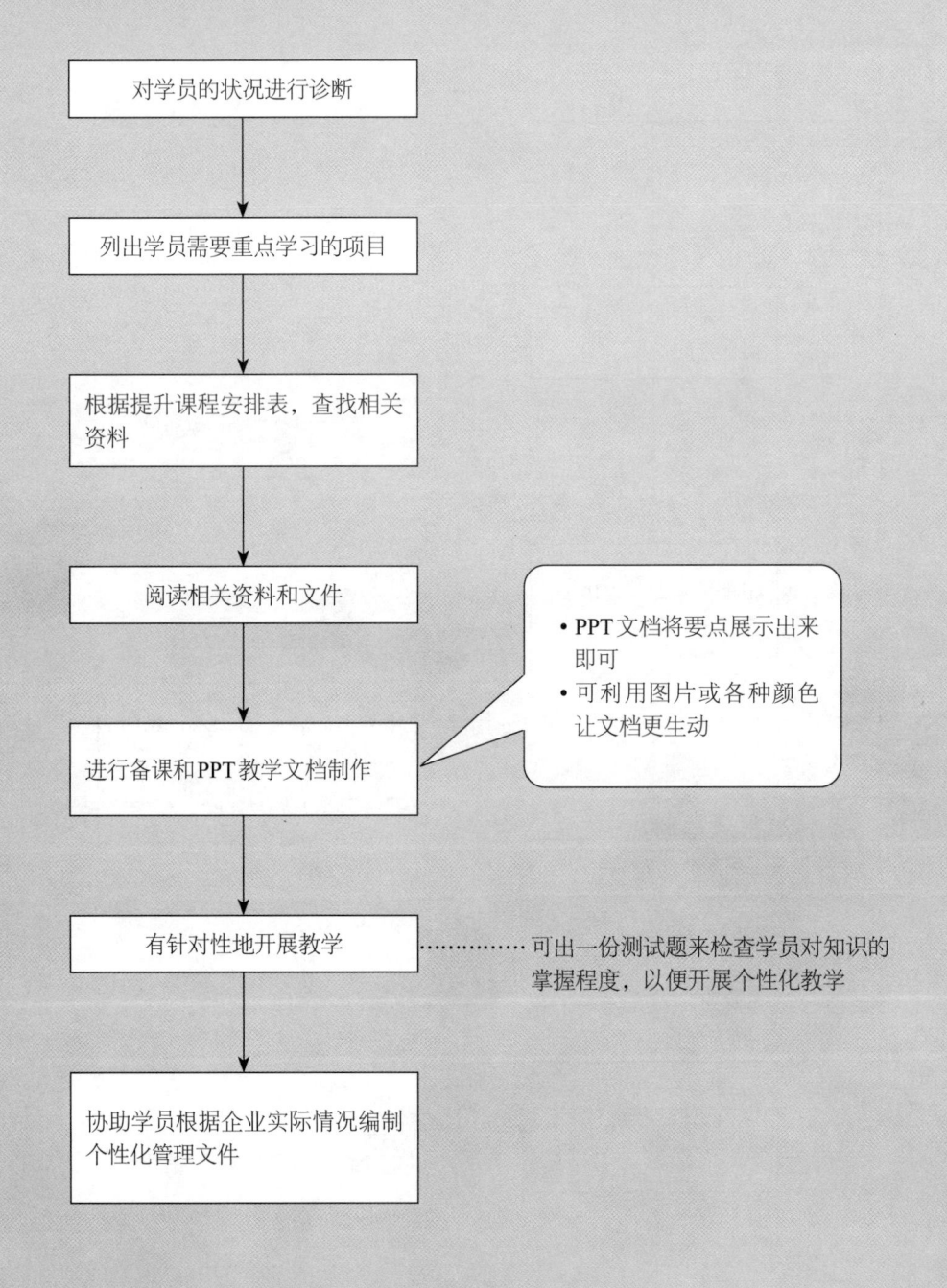

```
对学员的状况进行诊断
          ↓
列出学员需要重点学习的项目
          ↓
根据提升课程安排表，查找相关资料
          ↓
阅读相关资料和文件
          ↓
进行备课和PPT教学文档制作 ← • PPT文档将要点展示出来即可
                          • 可利用图片或各种颜色让文档更生动
          ↓
有针对性地开展教学 ……… 可出一份测试题来检查学员对知识的掌握程度，以便开展个性化教学
          ↓
协助学员根据企业实际情况编制个性化管理文件
```

第一章
仓库管理概述

第一节 何谓仓库管理

仓库管理在企业经营中具有重要意义，它不仅关系企业的物流成本和运营效率，还直接影响企业的客户服务质量和市场竞争力。因此，企业应高度重视仓库管理工作，不断提升仓库管理的水平和效率。

一、仓库的重要性与功能

1. 仓库的重要性

仓库对企业的生产运营、成本控制、客户服务以及市场竞争等方面都有深远的影响，其重要性如表 1-1 所示。

表 1-1　仓库的重要性

序号	重要性	说明
1	供应链管理的关键节点	仓库是连接生产、采购、销售等环节的桥梁，通过有效的库存管理，能够确保原材料、半成品和成品顺畅流动，避免供应链中断，影响企业的正常运营
2	成本控制的重要场所	通过优化库存结构、提高库存周转率、降低库存成本等措施，可以显著降低企业的运营成本。同时，仓库的合理布局和高效管理也能减少货物的破损和丢失，进一步降低企业成本
3	客户服务质量的保障	快速响应客户的需求，提供准确的货物信息、及时的配送服务和灵活的退换货政策，可以提升客户满意度和忠诚度。良好的仓库管理能够确保货物按时、按量、按质送达客户手中，为企业赢得良好的口碑
4	企业竞争力提升的节点	在激烈的市场竞争中，高效的仓库管理能够提升企业的响应速度，使企业更快地适应市场变化，抓住市场机遇。同时，提供增值服务（如加工、包装等），还能增强企业的市场竞争力，吸引更多客户
5	数据收集与决策分析的来源	仓库作为供应链的信息交汇点，能够汇集大量货物流动、库存状态、客户需求等数据。这些数据对于企业的决策分析具有重要意义，能够帮助企业更好地了解市场动态、优化库存结构、提升运营效率
6	风险管理与应对的重要支撑点	仓库还可以作为应急物资的储备中心，在一定程度上帮助企业应对市场风险和突发事件。同时，通过合理的库存管理和供应链协同，还能降低供应链中断带来的风险

2.仓库的功能

仓库作为供应链和物流体系中的重要场所，承担着多种功能，对于确保货物安全、有序、高效流动至关重要，如图1-1所示。

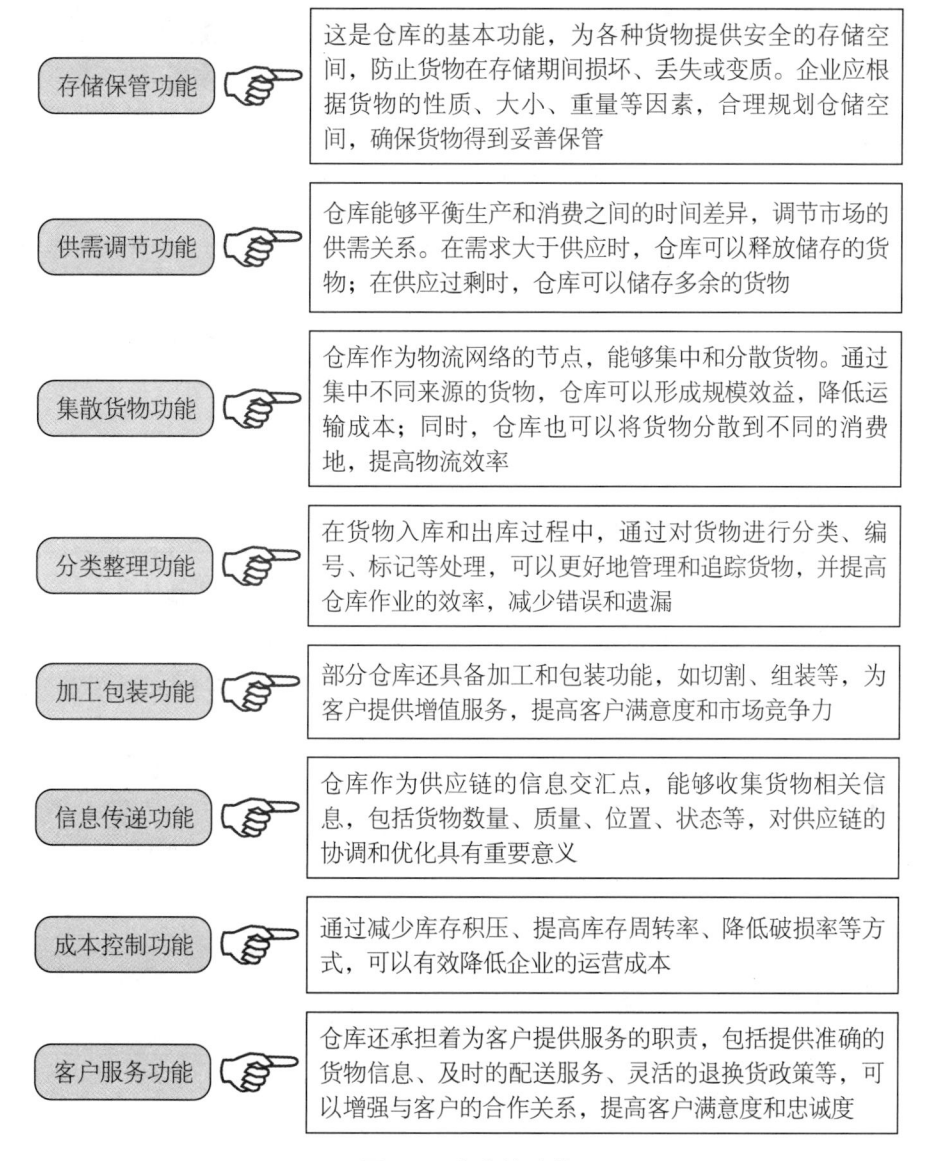

存储保管功能	这是仓库的基本功能，为各种货物提供安全的存储空间，防止货物在存储期间损坏、丢失或变质。企业应根据货物的性质、大小、重量等因素，合理规划仓储空间，确保货物得到妥善保管
供需调节功能	仓库能够平衡生产和消费之间的时间差异，调节市场的供需关系。在需求大于供应时，仓库可以释放储存的货物；在供应过剩时，仓库可以储存多余的货物
集散货物功能	仓库作为物流网络的节点，能够集中和分散货物。通过集中不同来源的货物，仓库可以形成规模效益，降低运输成本；同时，仓库也可以将货物分散到不同的消费地，提高物流效率
分类整理功能	在货物入库和出库过程中，通过对货物进行分类、编号、标记等处理，可以更好地管理和追踪货物，并提高仓库作业的效率，减少错误和遗漏
加工包装功能	部分仓库还具备加工和包装功能，如切割、组装等，为客户提供增值服务，提高客户满意度和市场竞争力
信息传递功能	仓库作为供应链的信息交汇点，能够收集货物相关信息，包括货物数量、质量、位置、状态等，对供应链的协调和优化具有重要意义
成本控制功能	通过减少库存积压、提高库存周转率、降低破损率等方式，可以有效降低企业的运营成本
客户服务功能	仓库还承担着为客户提供服务的职责，包括提供准确的货物信息、及时的配送服务、灵活的退换货政策等，可以增强与客户的合作关系，提高客户满意度和忠诚度

图1-1 仓库的功能

二、仓库管理的内容与目标

1.仓库管理的内容

仓库管理是指对仓库内物品进行规划、协调、控制和管理，涵盖了仓库的各个方面，包括收货、储存、拣货、发货以及仓库设施、设备、人员的管理等，以确保仓库高效运作和物品安全存储，仓库管理的内容如表 1-2 所示。

表 1-2　仓库管理的内容

序号	管理内容	工作说明
1	仓库布局和规划	根据仓库的实际情况和企业存储需求，合理布局和规划仓库内部区域，确保高效利用仓库空间，使物品储存达到最佳状态
2	物品入库管理	对进入仓库的物品进行严格检查，包括品质、数量、规格等，并进行分类、编号、标识、计量与登记，确保物品信息准确无误
3	物品储存管理	根据物品的特性和存储要求，采取合适的储存方式，防止物品损坏、丢失或变质
4	物品出库管理	根据出库计划，准确、及时地办理物品出库手续，确保物品在出库过程中的安全和完整
5	库存管理	定期对库存物品进行盘点和核查，准确掌握库存信息，及时调整库存结构，以降低库存成本、提高库存周转率
6	设备管理	对仓库内的设备进行定期维护和保养，确保设备正常运行，并延长设备使用寿命
7	人员管理	对仓库人员进行合理配置和管理，提高人员的专业技能和素质，确保仓库管理高效、有序

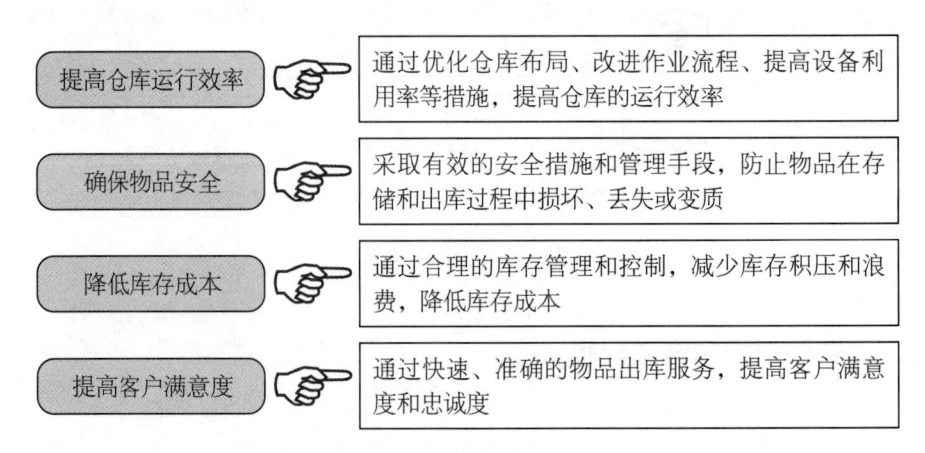

2.仓库管理的目标

仓库管理的目标如图 1-2 所示。

提高仓库运行效率	通过优化仓库布局、改进作业流程、提高设备利用率等措施，提高仓库的运行效率
确保物品安全	采取有效的安全措施和管理手段，防止物品在存储和出库过程中损坏、丢失或变质
降低库存成本	通过合理的库存管理和控制，减少库存积压和浪费，降低库存成本
提高客户满意度	通过快速、准确的物品出库服务，提高客户满意度和忠诚度

图 1-2　仓库管理的目标

第二节　仓库管理的要点

仓库管理是确保仓库高效、安全、有序运营的基石。以下从多个方面阐述仓库管理的要点。

一、仓库规划与布局

仓库规划与布局对于企业的运营效率、成本控制、物品安全以及客户满意度等方面都具有重要意义。

1.仓库规划与布局的重要性

仓库规划与布局的重要性如图 1-3 所示。

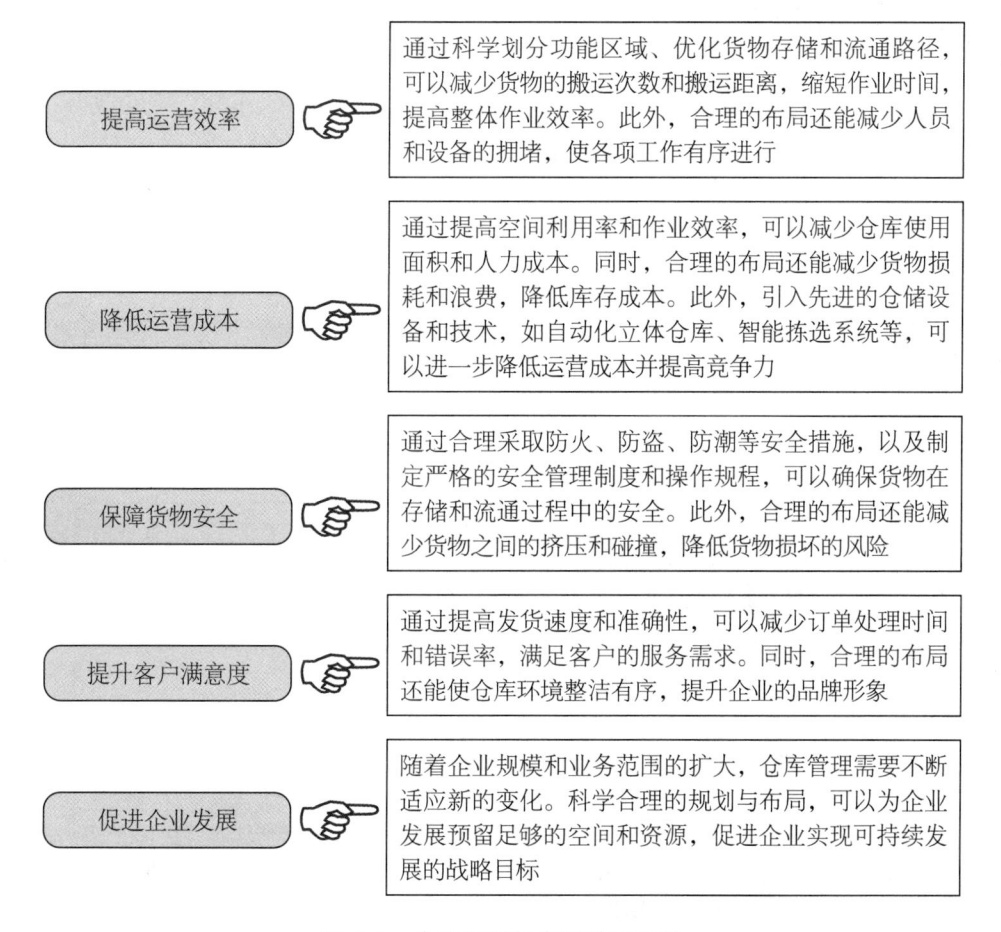

提高运营效率	通过科学划分功能区域、优化货物存储和流通路径，可以减少货物的搬运次数和搬运距离，缩短作业时间，提高整体作业效率。此外，合理的布局还能减少人员和设备的拥堵，使各项工作有序进行
降低运营成本	通过提高空间利用率和作业效率，可以减少仓库使用面积和人力成本。同时，合理的布局还能减少货物损耗和浪费，降低库存成本。此外，引入先进的仓储设备和技术，如自动化立体仓库、智能拣选系统等，可以进一步降低运营成本并提高竞争力
保障货物安全	通过合理采取防火、防盗、防潮等安全措施，以及制定严格的安全管理制度和操作规程，可以确保货物在存储和流通过程中的安全。此外，合理的布局还能减少货物之间的挤压和碰撞，降低货物损坏的风险
提升客户满意度	通过提高发货速度和准确性，可以减少订单处理时间和错误率，满足客户的服务需求。同时，合理的布局还能使仓库环境整洁有序，提升企业的品牌形象
促进企业发展	随着企业规模和业务范围的扩大，仓库管理需要不断适应新的变化。科学合理的规划与布局，可以为企业发展预留足够的空间和资源，促进企业实现可持续发展的战略目标

图 1-3　仓库规划与布局的重要性

2.仓库规划与布局的内容

仓库规划与布局的内容如表 1-3 所示。

表 1-3　仓库规划与布局的内容

序号	内容	说明
1	选址与布局	（1）仓库选址应综合考虑交通、客户或市场、土地成本、基础设施以及自然环境、地质条件、消防要求等因素 （2）仓库内部应合理规划，设置收货区、存储区、拣选区、包装区、发货区等功能区域，以提高作业效率和空间利用率
2	设施设备	（1）仓库应配备完善的防火、防盗、防潮设施，确保货物的安全 （2）根据货物特性，配备货架、叉车、堆高机、打包机等设备，提高货物的存储密度和人员操作效率 （3）配备适当的通风、温控设备，保障货物的品质

二、库存管理系统选择

库存管理系统（Inventory Management System）是企业库存决策和管理的数据库系统，旨在优化库存管理业务流程。库存管理系统是现代企业不可或缺的管理工具之一，能够帮助企业实现库存管理的自动化，提高运营效率和客户满意度，提升企业的市场竞争力。

1.库存管理系统的作用

库存管理系统在仓库管理中具有不可替代的作用。它不仅能够提升仓库运营效率、降低库存成本、提高库存数据准确性，还能优化供应链管理、帮助企业决策、提高客户满意度、降低人为错误率，如图 1-4 所示。

提升仓库运营效率：库存管理系统通过自动化和智能化手段，优化仓库的作业流程。系统能够实时追踪库存变动，自动规划入库、上架、拣选和出库路径，减少无效搬运，显著提高仓库作业效率；同时，支持任务自动分配，能合理协调人员与设备，确保作业流程顺畅，从而进一步提升仓库的整体运营效率

降低库存成本：库存管理系统通过精细化的库存管理和控制，帮助企业降低库存成本。系统能够实时更新库存数据，提供准确的库存预警信息，帮助企业制定合理的库存策略，避免过度库存或缺货情况发生。此外，系统还能通过优化库存布局和存储方式，提高库存空间利用率，进一步降低库存成本

| 提高库存数据准确性 | 库存管理系统采用先进的条形码、RFID等技术，对库存物品进行实时追踪和精确控制，显著提高了库存数据的准确性和实时性。此外，通过减少人为错误和重复劳动，确保了库存数据的可靠性，为企业决策提供了数据支持 |

| 优化供应链管理 | 库存管理系统与ERP、TMS等系统无缝集成，实现了供应链各环节的信息共享和工作协同。这种集成性有助于避免信息孤岛，提高订单处理速度，促进供应商与客户之间的沟通，提高供应链整体的响应能力。通过优化供应链管理，企业可以更好地满足市场需求，提高客户满意度 |

| 帮助企业决策 | 库存管理系统收集仓储运营数据，如库存周转率、订单处理时间等，为企业决策提供依据。企业可以根据这些数据优化库存策略、调整布局、预测市场需求，制定更加科学合理的经营策略 |

| 提高客户满意度 | 高效的库存管理系统能够确保货物及时、准确地交付给客户，从而提高客户满意度。通过实时监控库存水平和预测市场需求，企业可以及时为客户提供所需产品，避免缺货或延迟交货等情况发生 |

| 降低人为错误率 | 在人工管理环境中，由于疲劳或疏忽等因素，人员犯错误是难以避免的。而库存管理系统通过电子化操作，消除了人为错误的可能性。系统的数据分析功能能及时发现和纠正错误，进一步提高仓库管理的准确性和可靠性 |

图1-4　库存管理系统的作用

2.库存管理系统的主要功能模块

库存管理系统的主要功能模块如表1-4所示。

表1-4　库存管理系统的主要功能模块

序号	功能模块	说明
1	入库管理	管理货物的入库流程，包括收货、验货、上架等环节，确保货物准确、及时地进入仓库
2	出库管理	处理货物的出库请求，包括订单处理、拣选、打包、发货等，确保货物按客户要求准时送达

11

续表

序号	功能模块	说明
3	库存管理	实时监控库存水平，提供库存预警信息，帮助管理者制订合理的采购和销售计划
4	收付款管理	与财务系统集成，对收付款流程进行管理，确保资金流动的准确性和合规性
5	物品资料管理	汇总物品的基本信息，如名称、规格、价格、供应商等，以便于后续管理和查询
6	用户信息与客户资料管理	管理员工和客户的基本信息，支持权限分配和客户关系管理等服务
7	收入与支出管理	记录与库存管理相关的收入和支出资料，如租金、维修费用等
8	明细账查询	提供明细账查询功能，帮助管理者了解库存和账务的详细情况

3.库存管理系统选择的要点

选择库存管理系统是一个多方面考量的决策过程。表1-5是库存管理系统选择的要点。

表1-5 库存管理系统选择的要点

序号	要点	说明
1	明确需求和目标	（1）业务需求：首先需要明确企业的业务需求，包括库存管理、订单处理、物流追踪等方面 （2）未来发展：考虑系统的可扩展性和适应性，以满足企业未来业务增长和变化的需要
2	功能评估	（1）基础功能：确保系统具备库存盘点、出入库管理、报表分析等基础功能 （2）定制化功能：根据企业的特殊需求，选择具有定制化功能的系统，如自动补货、智能拣选等 （3）集成能力：确保系统能与企业的其他系统（如ERP、CRM等）集成，以实现数据共享和工作协同
3	易用性和稳定性评估	（1）操作界面：选择操作简单、界面友好的系统，以降低员工学习成本，提高工作效率 （2）稳定性：确保系统具备较高的稳定性和鲁棒性，能够在出现故障时自动报告维护人员并进行相应的自我修复

续表

序号	要点	说明
4	兼容性和安全性评估	（1）兼容性：确保系统能与企业现有的 IT 系统兼容，避免在后续的使用中出现维护成本过高、工作效率过低等问题 （2）安全性：系统应具备防止黑客攻击、防止病毒传播以及避免非法操作等多重保护能力
5	成本效益评估	（1）价格：选择价格适中且性价比高的系统，以节约企业成本 （2）售后服务：注重供应商的售后服务质量，确保在使用过程中能够得到及时的支持和帮助
6	市场调研和评估	（1）供应商实力：考察供应商的技术实力、服务水平和客户口碑 （2）案例研究：了解其他企业使用类似系统的效果
7	试用和测试	（1）试用体验：尽可能对系统进行试用，以便亲身体验系统的功能和性能 （2）性能测试：对系统进行性能测试，评估其在高负载情况下的稳定性和响应速度
8	综合评估和决策	（1）综合评估：综合考虑上述因素，评估不同系统的优缺点和适用性 （2）做出决策：根据评估结果，选择最适合企业的库存管理系统

三、人员配置与管理

仓库管理不仅依赖于先进的设备和系统，更离不开人员的合理配置与有效管理。仓库人员的配置与管理对于提升运营效率、降低成本、提高客户满意度、促进团队协作和企业决策等方面具有重要意义。因此，企业应高度重视仓库人员的配置与管理，不断优化和完善相关制度和流程。

1. 人员配置与管理的目的

人员配置与管理的目的如图 1-5 所示。

提升运营效率 ☞ 仓库人员的合理配置可以确保各个作业环节（如收货、存储、拣选、打包、发货等）有效运行，避免人力资源浪费，提升整体运营效率

减少错误率 ☞ 通过专业培训和严格管理，仓库人员能够熟练掌握操作技能，减少人为失误，如货物错发、破损、遗失等，从而提升货物安全性与客户满意度

图 1-5

	优化成本结构	合理配置仓库人员,有助于企业更好地控制人力成本。例如,根据业务需求和季节性变化灵活调整人员配置,避免冗余或短缺,可实现人力资源效用最大化
	提升客户满意度	快速准确的订单处理和及时的物流配送服务是提升客户满意度的关键要素。仓库人员合理配置和管理,能够减少订单处理时间,提高配送速度,优化客户体验
	促进团队协作	合理的人员配置与管理,能够激发员工的积极性和创造力,促进团队高效沟通与协作,更好地应对各种挑战,实现共同目标

图 1-5 人员配置与管理的目的

2.仓库人员的配置

仓库人员配置的要点如表 1-6 所示。

表 1-6 仓库人员配置的要点

序号	要点	说明
1	人员需求分析	(1)工作量分析:根据仓库的日常运营、货物种类、存储需求,确定所需人员的数量 (2)工作内容分析:明确仓库各项工作的要求,如货物接收、存储、拣选、打包、发货等,合理配置人员 (3)工作时间分析:分析仓库的运营时间和高峰时段,如销售旺季或节假日等,配备足够的人力资源
2	工作岗位划分	根据仓库工作的要求,划分不同的岗位,如仓库管理、仓库操作、货物验收、货物发运等 (1)仓库管理:负责仓库的整体管理和协调,确保仓库各项工作运行顺畅 (2)仓库操作:负责货物的搬运、上架、下架等操作 (3)货物验收:负责货物的验收工作,确保入库货物的数量和质量符合标准 (4)货物发运:负责货物的打包、装车和发运等工作 (5)其他岗位:如IT技术支持、安全保卫等,根据企业的实际情况设置
3	工作职责制定	(1)明确职责:明确每个岗位的工作职责和工作流程,确保员工清晰了解自己的工作内容和要求 (2)标准化操作:推广标准化操作流程,提高工作的效率和质量
4	人员合理配比	根据仓库的实际情况,合理配比各岗位人员。例如,在大型仓库中,可能需要更多的仓库操作员和货物发运员;而在小型仓库中,则需要更多的仓库管理员

3.仓库人员的管理

仓库人员的管理包括以下几个方面。

（1）岗位培训和能力评估

仓库工作需要一定的专业知识和技能，如操作叉车、使用仓储管理系统等。企业应确保仓库人员具备相应的技能，为其提供必要的培训和学习机会。岗位培训和能力评估的内容如图1-6所示。

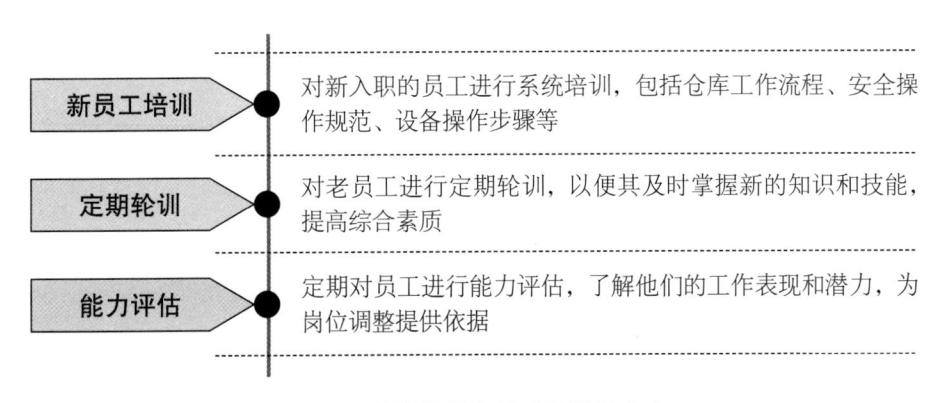

- **新员工培训**：对新入职的员工进行系统培训，包括仓库工作流程、安全操作规范、设备操作步骤等
- **定期轮训**：对老员工进行定期轮训，以便其及时掌握新的知识和技能，提高综合素质
- **能力评估**：定期对员工进行能力评估，了解他们的工作表现和潜力，为岗位调整提供依据

图1-6　岗位培训和能力评估的内容

（2）工作时间安排

企业应根据仓库的运营时间和工作量，合理安排员工的工作时间和班次，以确保工作效率。在销售高峰期或有特殊需求时，可以灵活调整工作时间和班次，以满足需求。

（3）制定轮岗工作制度

企业应制定轮岗工作制度，让仓管人员在不同岗位之间进行轮换，以提高仓管人员的业务能力和互补性。

（4）建立绩效考核和奖惩机制

企业应建立科学的绩效考核和奖惩机制，对仓管人员的工作表现进行评估，并根据考核结果对仓管人员进行奖惩，以激发仓管人员的工作积极性，提高仓库工作效率和质量。

（5）实时监控和优化

企业应对仓库工作进行实时监控，及时掌握工作进度和存在的问题，以便对人员配置和工作流程进行优化与调整。

（6）提供安全的工作环境

仓库工作环境直接关系到员工的健康和工作效率。企业应建立严格的安全规范和操作流程，并确保每一位员工都严格遵守。同时提供必要的安全装备，如防护手套、安全鞋、安全帽等，并定期开展安全培训和演练。

（7）运用科技工具

科技的进步为仓库管理带来了便利。企业可以利用现代科技工具（如仓库管理系统、条码扫描器、RFID 等），减少人工操作失误，提高仓库管理工作效率，并为管理者决策提供重要的数据支持。

四、安全管理体系建立

仓库安全管理不仅可以保障人员安全、物品安全，还能维护企业的财产安全。

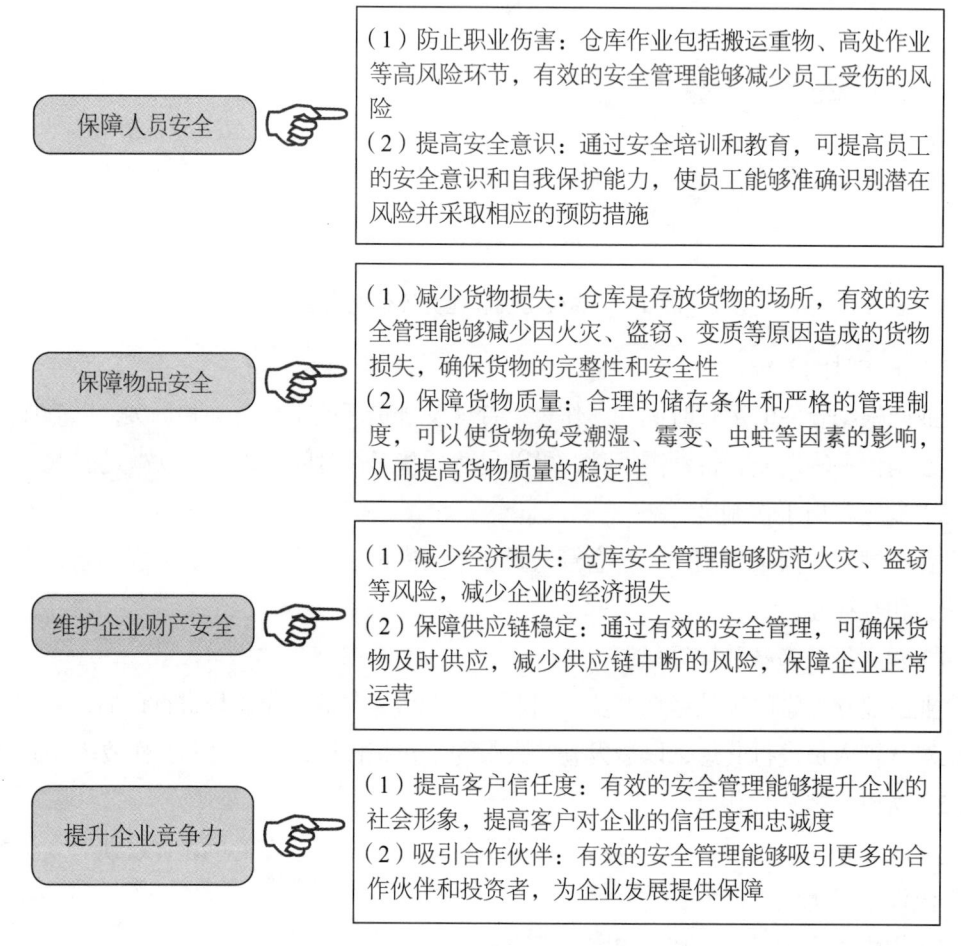

1. 仓库安全管理的目的

仓库安全管理的目的如图 1-7 所示。

保障人员安全
（1）防止职业伤害：仓库作业包括搬运重物、高处作业等高风险环节，有效的安全管理能够减少员工受伤的风险
（2）提高安全意识：通过安全培训和教育，可提高员工的安全意识和自我保护能力，使员工能够准确识别潜在风险并采取相应的预防措施

保障物品安全
（1）减少货物损失：仓库是存放货物的场所，有效的安全管理能够减少因火灾、盗窃、变质等原因造成的货物损失，确保货物的完整性和安全性
（2）保障货物质量：合理的储存条件和严格的管理制度，可以使货物免受潮湿、霉变、虫蛀等因素的影响，从而提高货物质量的稳定性

维护企业财产安全
（1）减少经济损失：仓库安全管理能够防范火灾、盗窃等风险，减少企业的经济损失
（2）保障供应链稳定：通过有效的安全管理，可确保货物及时供应，减少供应链中断的风险，保障企业正常运营

提升企业竞争力
（1）提高客户信任度：有效的安全管理能够提升企业的社会形象，提高客户对企业的信任度和忠诚度
（2）吸引合作伙伴：有效的安全管理能够吸引更多的合作伙伴和投资者，为企业发展提供保障

图 1-7 仓库安全管理的目的

2. 仓库安全管理体系的建立

企业应该做好安全管理的基础工作，建立并完善仓库安全管理体系。建立仓库安全管理体系的要点如表 1-7 所示。

表 1-7　建立仓库安全管理体系的要点

序号	要点	说明
1	明确安全管理目标	企业应明确仓库安全管理的具体目标，并与企业的战略目标保持一致
2	制定安全管理制度	（1）安全管理制度：制定详细的安全管理制度，明确安全要求和措施，确保员工都能严格遵守。这些制度应涵盖仓库管理的各个方面，包括货物存储、装卸搬运、消防安全、用电安全等 （2）安全责任制：建立安全责任制，明确各岗位人员的安全职责
3	加强人员培训与管理	（1）安全培训：定期对员工进行安全培训和教育，提高员工的安全意识和操作技能。培训内容应包括仓库安全知识、应急处理措施等 （2）人员管理：明确岗位职责，确保每个人都知晓自己的工作内容和安全要求。同时，建立沟通机制，加强信息共享和团队协作
4	完善安全设施	（1）消防设备：根据仓库的实际情况，配备必要的消防设备，如灭火器、消火栓、烟雾报警器等，并定期检查和维护，确保其完好有效 （2）监控设备：安装摄像头等监控设备，对仓库内外进行实时监控，及时发现安全隐患 （3）防护设施：在仓库内部设置防护栏、安全网等防护设施，防止货物掉落或人员受伤
5	加强安全检查与隐患排查	（1）定期安全检查：定期对仓库进行安全检查，包括货物存储、消防设施、用电安全等，及时发现并处理潜在的安全问题 （2）隐患排查：建立隐患排查机制，鼓励员工主动报告安全问题，以便及时采取措施整改
6	制定应急预案与演练	（1）应急预案：制定仓库应急预案，包括火灾、盗窃、自然灾害等突发事件的应急处置 （2）应急演练：定期组织应急演练，提高员工的应急处理能力和团队协作能力
7	持续改进与优化	（1）安全评估：定期对仓库的安全管理工作进行评估，分析存在的问题和不足，并制定改进措施 （2）技术升级与改造：随着技术的发展，及时对仓库的安全设施和设备进行升级和改造，提高其安全性和可靠性

五、仓库信息化建设

仓库信息化建设是指采用先进的信息技术手段和仓储管理理念，建立信息化系统，对仓库的物资、人员、设备等进行全面、精准、高效的管理，旨在提升仓储效率、降低成本，并实现智能化管理，更好地适应现代物流和供应链管理的需求。

1.仓库信息化建设的内容

具体来说,仓库信息化建设的内容如图1-8所示。

```
物资管理信息化  ☞  通过信息系统可实现物资入库、出库、储存、盘
                   点等全过程的自动化管理,有助于减少库存积压
                   和缺货现象,提高物资周转效率

人员管理信息化  ☞  通过信息系统对仓库人员进行考勤、排班、分配
                   任务,可提高人员工作效率和企业管理水平。同
                   时,对员工进行安全教育和培训,提高员工的安
                   全意识和操作技能

设备管理信息化  ☞  仓库设备的信息化管理,包括设备的采购、安装、
                   维护、报废等全生命周期管理。通过信息系统实
                   时监控设备的运行状态和性能参数,可确保设备
                   安全可靠地运行

作业流程信息化  ☞  通过信息系统优化仓库作业流程,可实现仓库作
                   业的自动化和智能化。例如,引入自动化堆垛机、
                   输送设备、拣选机器人等自动化设备,减少人工
                   操作,提高作业效率
```

图1-8 仓库信息化建设的内容

2.仓库信息化建设的意义

具体来说,仓库信息化建设的意义如表1-8所示。

表1-8 仓库信息化建设的意义

序号	意义	说明
1	提高仓储效率	(1)精确控制库存:通过信息化系统,仓库管理人员可以实时掌握库存情况,减少库存积压和缺货等情况 (2)自动化操作:引入自动化设备如自动化堆垛机、输送设备、拣选机器人等,可以实现货物快速入库、出库、分拣和配送,减少人工操作,提高作业效率 (3)优化作业流程:通过信息系统能够优化仓库布局和作业流程,提高整体作业效率
2	降低成本	(1)降低人力成本:自动化设备的应用可以减少对人工的依赖,从而降低人力成本 (2)减少库存成本:通过精确控制库存和优化作业流程,可以减少库存积压,降低库存成本 (3)提高空间利用率:信息化系统可以帮助仓库管理人员合理规划仓库空间,提高空间利用率,进一步降低成本

续表

序号	意义	说明
3	实现智能化管理	（1）智能储存与配送：通过引入先进的仓储设备和智能化系统，可实现自动化操作和智能化存储与配送，提高仓库管理的灵活性和准确性 （2）数据分析与预测：利用大数据和人工智能技术，对仓库运营数据进行分析与预测，可为管理者决策提供支持
4	提高客户满意度	（1）加快订单处理速度：信息化系统能够加快订单处理速度，提高配送的准确性和时效性，从而提高客户满意度 （2）提升服务质量：通过信息化手段，可以及时、准确地响应客户需求，为客户提供高质量的服务
5	适应市场变化	（1）增强竞争力：仓库信息化建设能够提升企业的整体运营效率和管理水平，提高企业的市场竞争力 （2）应对市场变化：仓库信息化建设能够帮助企业快速响应市场变化，调整库存和运营策略

3. 仓库信息化建设的要点

仓库信息化建设是一项系统性工程，需要从多个方面入手。表1-9是仓库信息化建设的要点。

表1-9 仓库信息化建设的要点

序号	要点	说明
1	明确建设目标和需求	深入了解企业的业务需求、货物特性和仓储环境，明确仓库信息化建设的目标，确定需要解决的具体问题、期望达到的效果以及预期的投入产出等
2	制定建设方案	（1）系统选型：根据需求分析结果，选择合适的仓储管理系统、自动化设备和物联网技术等。这些系统和技术应能够满足企业的实际需求，并具有良好的兼容性和可扩展性 （2）系统设计：制定详细的建设方案，确定所需的信息系统、硬件设备、网络架构，以及相应的数据库结构和功能模块。设计过程中应充分考虑系统的易用性、稳定性和安全性
3	实施建设方案	（1）设备采购与安装：根据项目建设方案，采购所需的信息系统、硬件设备和网络设备，并进行相应的安装和调试，确保所有设备都能够正常运行 （2）数据迁移与整理：将原有的仓库数据迁移到新的信息系统中，并进行数据整理和清洗工作，确保数据的准确性和完整性，为后续的信息管理提供可靠的数据支持 （3）系统测试与调试：对新的信息系统进行全面的功能测试和调试，确保系统的稳定性和可靠性

19

续表

序号	要点	说明
4	人员培训与系统上线	（1）员工培训：为员工提供系统的培训，使其熟练掌握新信息系统和自动化设备的使用方法和技巧。培训内容包括系统的基本操作、功能介绍、常见问题处理等 （2）系统上线：完成所有准备工作后，信息系统正式上线运行。在上线初期应密切关注系统的运行情况，及时发现并解决系统存在的问题
5	持续优化与升级	（1）维护与优化：对信息系统进行日常的维护，包括系统监控、故障排除和性能优化等，确保系统稳定运行并满足企业的发展需求。同时，根据企业的发展和技术的更新，对系统持续优化和升级 （2）反馈与改进：积极收集用户的意见，了解系统在使用中存在的问题，并对系统进行改进和优化，提高系统的易用性
6	加强信息安全管理	（1）建立信息安全体系：制定完善的信息安全管理制度和操作规程，确保信息系统稳定运行。同时加强对敏感数据的保护和管理，防止数据泄露和系统非法访问 （2）加强网络安全防护：采用先进的网络安全技术和设备，提高网络攻击的防范和应对能力；定期对网络进行安全检查和漏洞扫描，及时发现并修复潜在的安全问题

第二章
仓库规划管理

第一节　仓库区位规划

合理的仓库区位（简称仓区）规划与管理可以提高货物储存、拣选和出库的效率，降低成本，提高企业竞争力。

一、仓区规划应考虑的因素

仓区规划应考虑图 2-1 所示的因素。

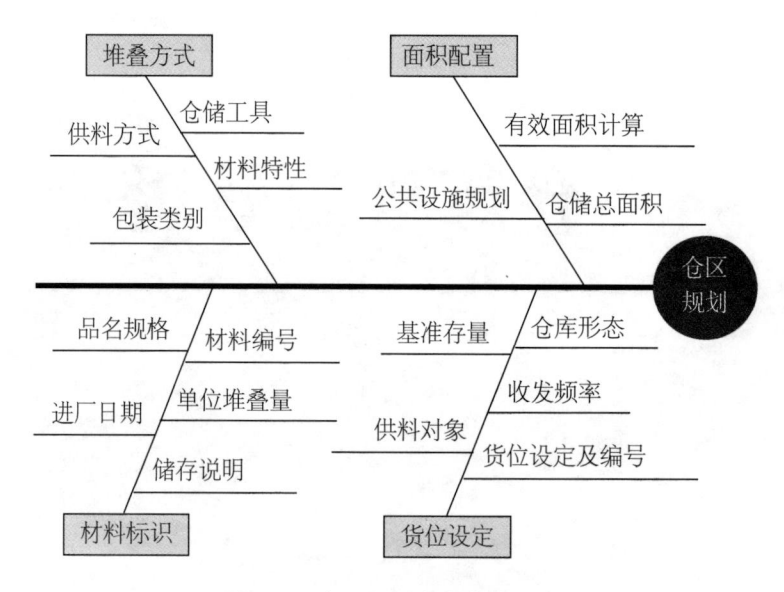

图 2-1　仓区规划应考虑的因素

二、仓区规划的要求

仓区规划应满足以下要求。

（1）仓区要与生产现场靠近，且通道畅通。

（2）每个仓区要有相应的进仓门和出仓门，并有明确的标牌。

（3）根据储存容器的规格、楼面载重能力和叠放的限制高度，将仓区划分为若干个仓位，并用油漆或美纹胶在地面标明仓位名、通道和通道走向。

（4）仓区内要有必要的废次品存放区、物料暂存区、待检区、发货区等。

（5）仓区设计应考虑安全因素，明确消防器材、消防通道和消防门的位置以及应急措施等。

（6）仓库办公室尽可能设置在仓区附近，并有相应的标牌。

（7）测定安全存量、理想最低存量或定额存量，并设置相应的标牌。
（8）货位可用油漆划线固定，堆放物品时以漆划线为界。
（9）每个仓库的进仓门处应张贴仓库平面图，标明该仓库所在的地理位置、周边环境、仓区仓位、各类通道及门、窗、电梯等内容。

三、仓区分类的方法

一般来说，仓区分类有以下两种方法。
（1）按物料种类和性质分类。这是仓库普遍采用的分类方法，如图2-2所示。

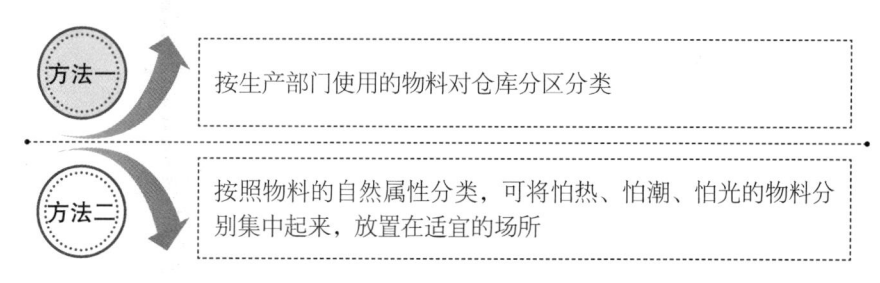

方法一	按生产部门使用的物料对仓库分区分类
方法二	按照物料的自然属性分类，可将怕热、怕潮、怕光的物料分别集中起来，放置在适宜的场所

图2-2 按物料种类和性质分类

（2）按照物料发往地分类。这一方法主要适用于成品中转仓库或待运仓库。

四、仓区分类的注意事项

1.摸清物料进出库的规律

仓管员应根据企业的生产情况，摸清主要物料进出库的规律，有计划地调整货区和货位，具体如图2-3所示。

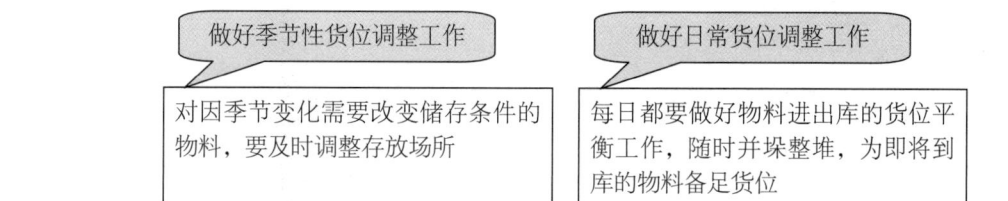

做好季节性货位调整工作	做好日常货位调整工作
对因季节变化需要改变储存条件的物料，要及时调整存放场所	每日都要做好物料进出库的货位平衡工作，随时并垛整堆，为即将到库的物料备足货位

图2-3 摸清物料进出库的规律

2.预留机动货区

预留机动货区的目的是暂时存放待验收、待整理摊晾、待分拣、待商检的物料。
仓管员应预先留出一定面积的机动货区，其大小可视仓库性质、物料储存量、物料性质和进出库频率以及仓储设备设施而定。

> **小提示**
>
> 如果某些物料入库数量超过固定货区容量,则可在机动货区暂存,以免到处寄存,造成混乱。

五、收料区域的设置

仓库应设有特定的收料区域,用于暂放所购进的物料。收料区域可划分为三个区,具体如图2-4所示。

进料待验区	进料合格区	进料验退区
仓管员收到物料后,应将其放置在此区域。不同的物料要分开摆放,不得混合在一起	品管员检验合格的物料应放置在此区域,等待仓管员入库	检验不合格的物料或不符合生产要求的物料应放置在此区域,等待供应商处理

图2-4 收料区域的划分

第二节 货位管理

货位即货物储存的位置,是仓库中用于存放货物的特定空间。有效的货位管理可以提高仓库运营效率和准确性。

一、货位管理的要求

货位管理的基本要求是:货位划分清晰、标识统一、标识卡填写规范。

即使仓管员从来没见过某个货品,但只要货位标识清晰、规范,就可以准确、快速地找到相应的货品;结合仓库管理软件,仓管员可以实时跟踪货品在仓库中的存储状态。对货位与标识进行规范化管理,并与仓库管理软件融合,产品的入库、配货、整理、盘点、追踪将变得简单易行。

二、货位管理的内容

仓库货位管理的内容如图2-5所示。

图 2-5　仓库货位管理的内容

1.货品入库

首先要明确货品存放的货位，货位确定后再进行堆码，可减少重复搬运。货物堆放好后要有明确的标识，以方便管理，实现账、卡、物一致。入库前应通过仓库管理系统查询相应货品在仓库的堆放信息，以便整理出空间，使同一货物堆放在同一货位上，提高仓库的空间利用率。

2.货品出库

应根据提货单上的信息到相应货位上拿取货品，要求账、卡、物一致。通过仓库管理系统可以很容易地查询货品在货位上的库存信息。

3.货品整理

对仓库的货品进行整理时，同样要做到账、卡、物一致。利用仓库管理系统，可以大大提高货品整理的效率。

三、货位管理的原则

货位管理应遵循图 2-6 所示的原则。

01 以周转率为基础原则
02 货品相关性原则
03 货品同一性原则
04 货品互补性原则
05 货品相容性原则
06 货品尺寸原则
07 重量特性原则
08 货品特性原则

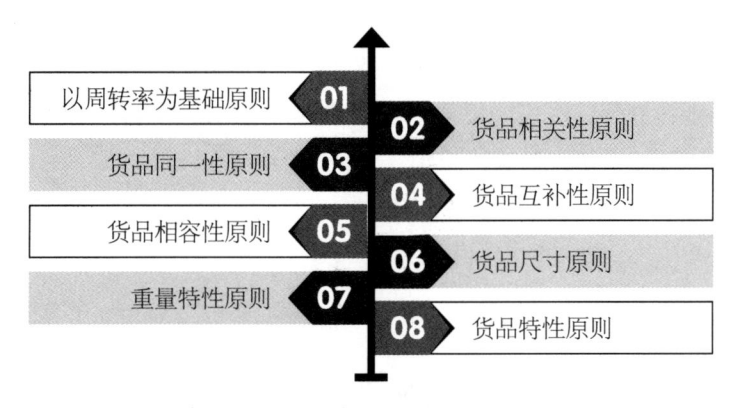

图 2-6　货位管理的原则

1. 以周转率为基础原则

以周转率为基础原则，即将货品周转率由大到小排序，并分为若干段（通常分为三至五段），同属于一段的货品为同一级，存放在指定的存储区域。注意，周转率越高的货品应离仓库出入口越近。

2. 货品相关性原则

在仓库中，应根据货品的相关性规划存储区域，将高相关性的货品放置在相邻的货架上，以减少拣选货品的行走距离。货品的相关性可以根据历史订单数据进行判断。

3. 货品同一性原则

同一性原则是指把同一货品储存于同一位置。这样作业人员可以熟知货品的保管位置，从而减少货品的寻找时间。

4. 货品互补性原则

互补性高的货品也应存放于相邻位置，以便缺货时可迅速找到替代品。

5. 货品相容性原则

相容性是指不同货品在存储、运输或使用过程中，不会发生物理或化学反应。在仓储管理中，明确物品的相容性是保障货品品质、减少损失和安全事故的关键。

不相容物品示例如下。

化学物品：如酸与碱、氧化剂与还原剂等，这些物品若混合存放，可能发生剧烈反应，甚至爆炸。

食品与化学品：食品与某些化学品（如清洁剂、农药等）存放在一起，可能导致食品污染，影响人体健康。

气味敏感物品：如香水和茶叶，气味会相互干扰，从而影响各自的品质。

不相容物品的存放要求如下所示。

（1）分类存储：将不相容的物品分别存放在不同的区域或货架上。

（2）标识清晰：在存储区域或货架上设置明显的标识，注明存放货品的性质及相容性要求，以便管理人员和操作人员快速识别。

（3）定期检查：定期对存储区域进行检查，确保没有货品混放或误放的情况。同时，关注货品的品质变化，发现问题及时处理。

6. 货品尺寸原则

在货位规划时，应考虑货品的单位面积以及整批堆放的方式，以便安排适当的存储空间。

7.重量特性原则

应根据货品的重量确定货品存放的位置。

8.货品特性原则

货品特性包括货品本身的危险性及腐蚀性，如果货品存放不当，有可能影响其他货品，因此在货位布局时应充分考虑货品特性。

四、货位规划的要求

企业一般根据库房的建筑形式、面积、所在楼层、通道分布和设施设备情况，并结合货品的储存条件，将储存场所划分为若干个货库，每一货库又划分为若干个货位。每一货位固定存放一类或几类数量不多、储存条件相同的货品。

> **小提示**
>
> 货库的划分，通常以库房为单位，即每一座独立的仓库建筑为一个货库。

货位区段划分（即区划）只是确定了各储存区域存放货品的大类或品种，而货位规划则明确了货品的存放方法和排列方式。

货位规划的要求如图 2-7 所示。

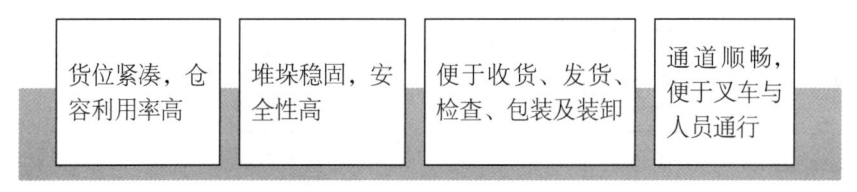

货位紧凑，仓容利用率高	堆垛稳固，安全性高	便于收货、发货、检查、包装及装卸	通道顺畅，便于叉车与人员通行

图 2-7　货位规划的要求

五、货位排列的形式

货位排列形式一般有横列式、纵列式和混合式三种。

1.横列式

所谓横列式，就是货垛或货架与库房的宽平行，如图 2-8 所示。

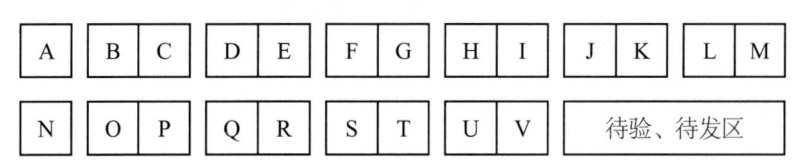

A	B	C	D	E	F	G	H	I	J	K	L	M
N	O	P	Q	R	S	T	U	V	待验、待发区			

图 2-8　横列式示意图

2.纵列式

货垛或货架与库房的宽垂直，就是纵列式，如图 2-9 所示。

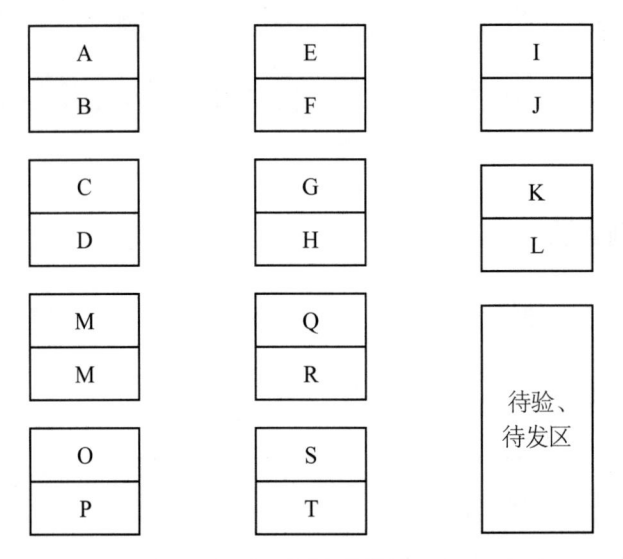

A		E		I
B		F		J

C		G		K
D		H		L

M		Q		
M		R		待验、待发区
O		S		
P		T		

图 2-9　纵列式示意图

3.混合式

混合式是指货垛或货架既有横列式又有纵列式，如图 2-10 所示。

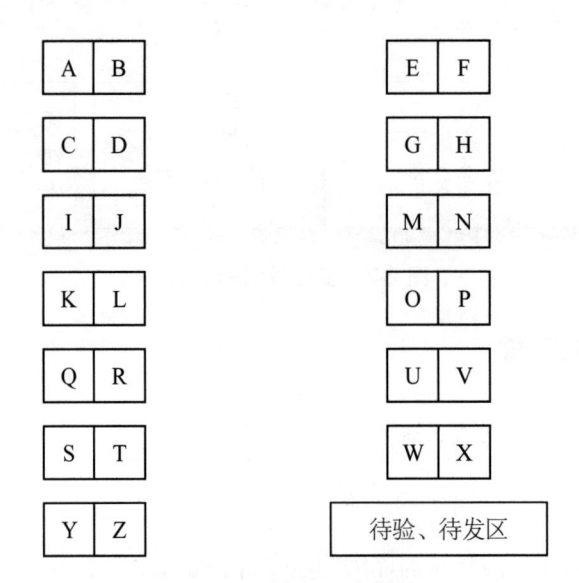

A	B		E	F
C	D		G	H
I	J		M	N
K	L		O	P
Q	R		U	V
S	T		W	X
Y	Z		待验、待发区	

图 2-10　混合式示意图

六、货位编号

货位编号是指在货位区划和货位规划的基础上，将存放货品的场所，统一编号，并绘制货位平面图或填写方位卡,以方便仓库人员作业。

1.货位编号的要求

在货品品种与数量很多、进出库频繁的仓库里,仓管员必须熟知每批货物的存放位置。货位编号就好比货物在仓库的"住址",应该满足"标志明显,编排有序"的要求,如图2-11所示。

图2-11 货位编号现场图

2.货位编号的方法

货位区段的划分和标识不统一,文字编号的形式也多种多样,企业应根据自身的实际情况,规定仓库的货位划分及编号方法,以达到方便作业的目的。

工厂仓库大多采用"四号定位"法进行货位编号,即库房号-区号-层次号-货位号或库房号-货架号-层次号-货位号等形式。编号中的文字代号,用英文字母、罗马及阿拉伯数字表示。

例如,以3-8-2-3来表示3号库房8区2段3货位,以4-5-3-15来表示4号库房5号货架3层15格。

3.货位编号的位置

货位编号可标记在地坪或柱子上,也可悬挂在通道上方,以便于识别,如图2-12所示。规模较大的仓库还应建立方位卡片制度,将仓库所有物品的存放位置记入卡片,以便于仓管员迅速找到货位。规模较小的仓库可不实行方位卡片制度,将存储位置标注在账页上即可。

图 2-12　货位编号的位置图

4.货位编号的注意事项

（1）货品入库后，应将货品的货位编号及时登记在保管账或卡的"货位号"栏中，并录入电脑。货位信息的准确性，直接影响货品出库的效率，仓管员应认真记录，避免出现差错。

（2）当货品的货位发生变动时，保管账或卡的货位号也应进行调整，做到"见账知物"和"见物知账"。

（3）为了提高货位利用率，同一货位可以存放不同规格的货品，但必须设置明显的标识。

（4）货位与过道不宜经常变动，而且在库房内要配备足够的照明设备。

第三节　物料编码

合理的物料编码，可以提高仓库管理的效率和准确性，有利于实现数据共享，促进各部门的协作。

一、物料编码的含义

物料编码就是用特定的编码来代表物料，每个物料只有一个编码。物料的编码相当于人的身份证号码。

物料的编码不需要包含太多的属性信息，仅仅把各个环节的主要属性反映出来即可。

设计部、生产部、采购部、财务部等部门对物料属性的理解是不同的,企业在对物料编码时应考虑各个部门的需求。

二、物料编码的作用

物料编码具有图 2-13 所示的作用。

功能一　提高物料资料的完整性
物料编码可以反映物料的领取、验收、请购、跟催、盘点、储存、出库、记录等全过程,使物料数据更加全面。要注意避免一物多名、一名多物或物名不符的情况发生

功能二　提高物料管理的效率
以编码代替文字表述,可使物料管理更加简便,工作效率因此而更高

功能三　有利于自动化管理
物料编码可利用计算机进行处理,使物料管理实现自动化

功能四　降低物料库存成本
物料编码有利于控制物料库存,防止呆料发生,因此可减少资金积压,降低成本

功能五　防止物料舞弊事件发生
物料编码使物料记录准确完整,物料储存井然有序,可以减少舞弊事件发生

功能六　便于物料领用
库存物料有统一的名称及编码,使领料与发料更加方便

功能七　便于简化物料资料
对物料编码时,可以对某些性能相近或者相同的物料进行合并,以简化物料资料

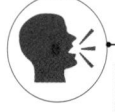

图 2-13　物料编码的作用

三、物料编码的原则

物料编码应遵循图 2-14 所示的原则。

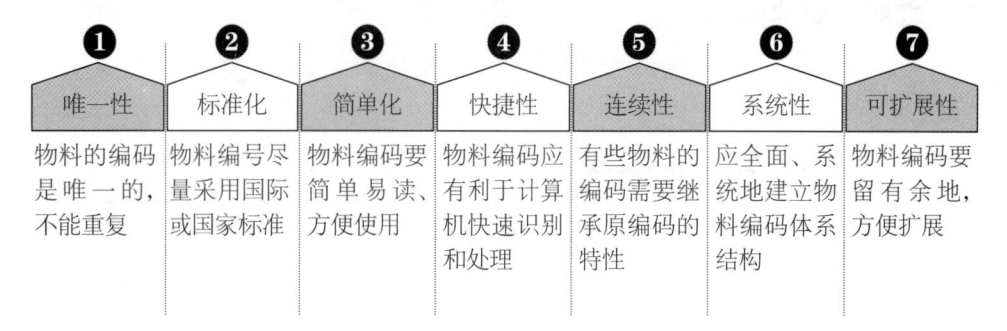

❶ 唯一性	❷ 标准化	❸ 简单化	❹ 快捷性	❺ 连续性	❻ 系统性	❼ 可扩展性
物料的编码是唯一的,不能重复	物料编号尽量采用国际或国家标准	物料编码要简单易读,方便使用	物料编码应有利于计算机快速识别和处理	有些物料的编码需要继承原编码的特性	应全面、系统地建立物料编码体系结构	物料编码要留有余地,方便扩展

图 2-14 物料编码的原则

四、物料编码的方法

1. 暗示法

暗示法是用字母或符号对物料进行编号,如表 2-1 所示。

表 2-1 暗示法示例

编号	螺丝规格/毫米	编号	螺丝规格/毫米
03008	3×8	15045	15×45
04010	4×10	12035	12×35
08015	8×15	20100	20×100

2. 字母法

字母法是用英文字母为物料进行编号,如表 2-2 所示。

表 2-2 字母法举例

采购金额	物料种类	物料颜色
A:高价材料 B:中价材料 C:低价材料	A:五金 B:塑胶 C:电子 D:包材 E:化工	A:红色　B:橙色 C:黄色　D:绿色 E:青色　F:蓝色 G:紫色

3.数字法

数字法是用阿拉伯数字为物料进行编号，如表2-3所示。

表2-3 数字法举例

类别	分配号码
塑胶类	01～15
五金类	16～30
电子类	31～45

4.混合法

混合法是指字母、数字、暗示等三种方法同时使用。

例如，物料资料为：电风扇塑胶底座（10）、高价（A）、ABS料（A）、黑色（B）、顺序号（003），则编号为：10-AAB-003，具体如图2-15所示。

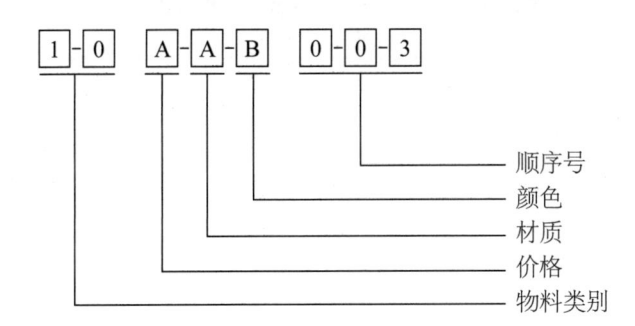

```
1-0  A-A-B  0-0-3
 │    │ │ │  └──── 顺序号
 │    │ │ └─────── 颜色
 │    │ └───────── 材质
 │    └─────────── 价格
 └──────────────── 物料类别
```

图2-15 混合法示例

五、物料编码的注意事项

（1）物料编码所使用的文字、符号、字母、数字应简单明了，以便于识别、查询与记录。

（2）编码时所选择的数字或字母应具有延展性。对于复杂的物料，大分类后还要进行细分类。

（3）所有的物料都要有对应的编码。

（4）物料编码应具备唯一性，一个编码只能代表一种物料。

（5）物料编码要统一，不能这次编码按重量，下次编码按面积，从而造成混乱。

（6）物料编码可在电脑系统上进行查询与检索。

（7）物料编码应有规律可循，以便于记忆。

第三章

物品入库管理

第一节　入库准备

入库准备是指在物品进入仓库之前，开展一系列准备工作，以确保物品能够顺利入库，仓管人员有效管理。入库准备工作主要包括以下几个方面。

一、与各部门加强联系

仓管员应加强与生产部门、采购部门、运输部门及供应商的联系，了解入库物品的种类、数量和到达时间，以便做好接货准备。

二、妥善安排存放区域

接到进货单核对无误后，核算入库货物需占货位的面积（仓容），并确定存放位置以及验收场地。如果是新品种或不熟悉的物品入库，要事先了解物品的性质、特点、保管方法和注意事项，以便合理存放，妥善保管。

三、制订入库计划

在物品入库之前，应制订入库计划，确定入库时间、方式等内容，确保物品及时入库，以满足生产需求。

采购部门的采购计划、进货计划会经常发生变化，为了应对这种情况，仓管员在制订入库计划时可采取长计划短安排的办法，如按月编制入库计划。某企业的入库计划有"物料月接收计划""物料进厂进度控制表""物料交期一览表"等形式，如表3-1至表3-3所示。

表 3-1　物料月接收计划

编号：　　　　　　　　　　　　　　　　　填表日期：　　年　月　日

序号	接收日期	品名	规格/型号	供应商	接收数量	存放位置	备注

制表人：　　　　　审核人：　　　　　采购部：　　　　　仓管部：

表 3-2　物料进厂进度控制表

编号：　　　　　　　　　　　　　　　　　　　　填表日期：　　年　月　日

物料编号	规格/型号	订购日	订购单号	厂商	订购数量	计划交货日	实际交货日	交货数量	进料验收单编号	备注

制表人：　　　　　　　　　　　　　　　　　　　审核人：

表 3-3　物料交期一览表

编号：　　　　　　　　　　　　　　　　　　　　填表日期：　　年　月　日

物料编号	规格/型号	订购日	订单号	订购数量	计划分批接收数量	计划交期	厂商	备注

仓库主管：　　　　　　　　生产经理：　　　　　　　　制表人：

说明：本表一式三联，第一联交采购部留存，第二联交生产管理部留存，第三联交收料部留存。

四、组织人力

应根据物品入库的数量和时间，安排人员做好验收、清点、标识、整理等工作。采用机械操作的，要定人、定机，并安排好作业顺序，如表 3-4 所示。

表 3-4　物料接收人员安排表

编号：　　　　　　　　　　　　　　　　　　　　填表日期：　　年　月　日

物料订单号	货品名称及数量	到货时间	人员安排	接收负责人	接收日期

仓储部：　　　　　　　　　　　　　　　　　　　品质部：

五、准备验收、装卸和搬运工具

应根据物品的验收项目和方法,以及物品的体积、重量,准备验收、装卸和搬运所需的工具,并对叉车、电子秤、检验设备等进行检查和校准,以确保物品安全、有序地入库,如表3-5所示。

表3-5 物料接收物资设备安排表

编号:　　　　　　　　　　　　　　　　　　填表日期:　　　年　月　日

物料订单号	货品名称及数量	到货时间	接收车辆	检验设备	接收负责人	接收日期

仓储部:　　　　　　　　　　　　　　　　　　　品质部:

相关链接

仓库常用的设备

一、装卸与搬运设备

装卸与搬运设备主要用在仓库作业过程(出入库、移库、装卸货等)中,实现物料的物理移动。

1. 搬运设备的类别

(1)搬运车辆:用来运输物料的器械,包括人力搬运车,如手推车、手动叉车、拉车、货架车等;机动搬运车,如自动搬运车、电瓶车、托盘搬运车、牵引车等;叉车,如重力平衡式、侧叉式、插腿式、旋转式、抱式等。

(2)输送机:用来传输物料的器械,包括辊子输送机、辊轮输送机、带式输送机、悬挂链式输送机、平板式输送机、卷扬机等。

(3)起重机:用来垂直移动物料的器械,包括手动及电动葫芦、巷道或桥式堆垛机、门式起重机、天车等。

(4)升降装置:用来升高或降低物料的器械,包括电梯、升降机、升降台、缆车等。

(5)辅助搬运器具:用来装载物料的器具,包括各种托盘,如平托盘、柱式托盘、网式托盘、箱式托盘等；各种器皿，如物料盒、液体罐、桶等；各种箱类，如纸箱、塑料箱等。

2. 搬运设备的选择

搬运设备的种类越多，选择的余地也就越大。选择搬运设备时应考虑以下事项。

（1）可靠性：即设备运行的稳定程度。

（2）安全性：设备使用过程中对人员安全、物料安全、环境安全等的保护程度。

（3）适用性：即设备的功能、强度和效率等，是否满足搬运要求。

（4）经济性：即设备使用过程中产生的搬运成本。

3. 搬运设备的使用

搬运设备组合与配套使用，可以取长补短，相互促进，发挥最佳效能。

二、验收设备

验收设备主要用于入库验收、在库质量检查和出库交接等环节，包括称重设备、量具及检验仪器，常见的有磅秤、标尺、卡钳、自动称重设备等。

1. 称量设备

仓库常用的称量设备如下表所示。

仓库常用的称量设备

序号	分类	具体说明
1	天平和案秤	天平用于称量体积小、计量精度高的小件贵重物品，如贵重金属、高纯度化工原料等，一般以"克"或"毫克"作为计量单位。案秤用于20千克以下物品的称量
2	台秤	用于称量20千克以上的物品，有移动式和固定式两种，是仓库中应用最广的一种称量设备
3	地中衡	实际上是将磅秤的台面水平安装在路面上，运料车辆通过时可称出重量，也称汽车衡
4	轨道衡	是大型有轨式地下磅秤，适用于火车称重。载重车在轨道衡上称出毛重，减去车皮自重，就是货物的重量。称量范围一般大于60吨
5	自动称量装置	按作业原理不同，可分为液压秤和电子秤两类。其特点是在物品装卸过程中就能称出重量。这种装置可缩短物品出入库的检验时间，降低作业量；但误差比较大，且容易损坏

2. 量具

（1）普通量具：主要是测量材料长短的工具，分为直接量具和辅助量具两种。直接量具有直尺、折尺、卷尺，辅助量具有卡、钳、线规等。

（2）精密量具：包括游标卡尺、千分尺、超声波测厚仪等能精确测量物品规格的量具。

三、存储设备

仓库的存储设备是指用来存放物品的容器和设备，包括料架、料仓、料槽、储罐等。根据物品的物理、化学性质和形态，存储设备一般分为以下三类。

1. 存储一般物品的设备

包括存放各种金属材料、机械零件、配件、工具等的料架。料架按用途可分为通用料架和专用料架。通用料架又分为层式、格式、抽屉以及橱柜式等，用于存放体积小、重量轻、规格复杂的金属制品、轴承、工具、机电产品等。专用料架则是根据物品的特殊形状而设计的，如存放小型条钢和钢管的悬臂式料架。

2. 存储块粒状和散装物品的设备

例如，存放散装原料，散装螺丝、铆钉等的各种料仓、料斗等。

3. 存储可燃、易燃及腐蚀性液体的设备

例如，存放汽油、柴油、润滑油、酸、碱、化工产品的瓶、桶、储罐等。

六、准备苫垫和劳保用品

仓管员应根据入库物品的性质、数量和储存条件，核算所需苫垫用品的数量。对于存放于底层仓间和露天场地的物品，更应注重苫垫用品的准备。同时，仓管员还应准备充足的劳动保护用品。

七、做好安全防护

仓管员应在物品入库过程中，注意安全防护，确保物品不被损坏，人员不发生意外事故。可通过设置警示标识、使用防护设施等，提高入库工作的安全性和可靠性。

第二节　物料入库

接收物料包括从接到收货通知单到把物料存放到规定位置的整个过程，具体步骤如图 3-1 所示。

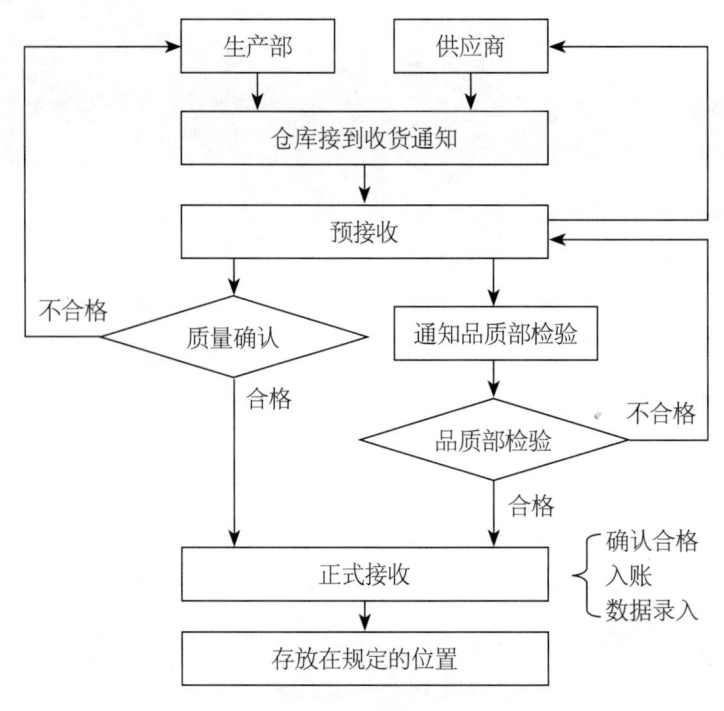

```
           生产部            供应商
             ↓                ↓
           仓库接到收货通知
                  ↓
               预接收  ←─────────┐
                  ↓              │
   不合格   ┌─质量确认─┐   通知品质部检验
   ←───────┤         │         ↓
           └─合格────┘     ┌─品质部检验─┐  不合格
                           │           │──────→
                           └─合格──────┘
                  ↓
               正式接收     ┤ 确认合格
                            ┤ 入账
                  ↓         ┤ 数据录入
           存放在规定的位置
```

图 3-1　物料接收的步骤

一、预接收物料

1.确认供应商

物料从何而来，有无错误，都是仓管员在收货时需要特别注意的事项。如果一批物料分别来自多家供应商，或多种物料同时进厂，验收工作应格外注意。这可通过厂商资料卡来进行确认，如表 3-6 所示。

表 3-6　厂商资料卡

物料编号：　　　　　品名：　　　　　规格：　　　　　使用订单（产品）：

订购日期	厂商	订单号码	单价	订购数	预定交货日期	联系人及电话	交货资料							备注
							交货日	验收单编号	交货数量	发票号码	检验日期	验收良品数	不良品交换数	本订单余额	

2.接收送货单

送货单是接收物料的凭证，也是完成采购的具体体现，如表3-7所示。仓管员一旦在送货单上签了字，就意味着该物品已被接收，可以办理其他入账手续了。

表3-7 送货单

订单号：

发往： 地址：			电话：				编号： 日期：			
来自： 地址：			电话：							
序号	品名	编号	规格	数量	单位	单价	金额	备注
送货员签字： 日期：					收货人签字： 日期：			

3.预接收物料

仓管员在预接收物料时要按以下方法进行。

（1）确认实物、清点数量、检查外包装状态和检验合格标志。如有问题，应当面指出。

（2）确认无误后，由仓管员在送货单上签字，并做好登记。

（3）将签字的送货单复印件交给送货人，原件送品质部。

二、通知品质部检验

通知品质部检验的方式有两种：开具来料报告单和直接转交送货单。

1.开具来料报告单

这种方法比较麻烦，因为要多开具一次单据。但它详细地描述了检验要求，如检验期限、注意事项、追溯方式、结果处理等，有利于物料的管控。

以来料报告单的形式通知品质部检验的过程如图3-2所示。

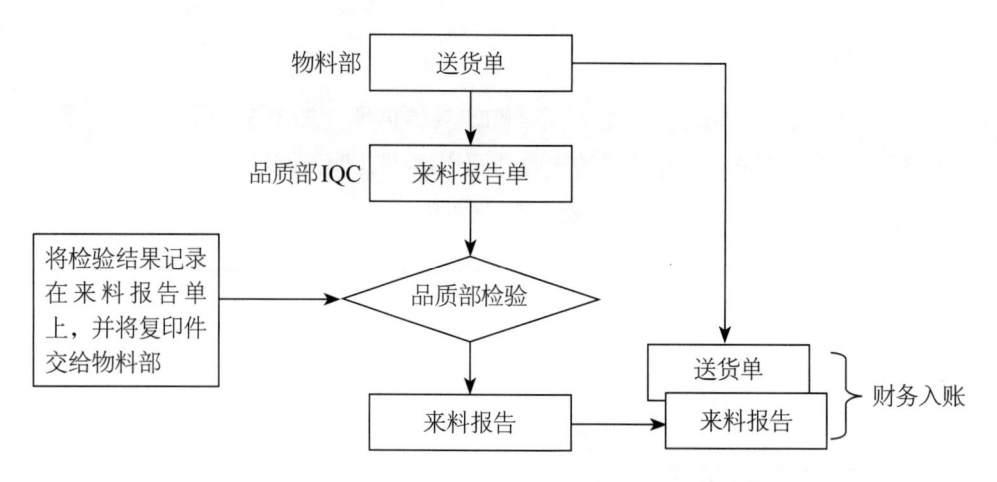

```
物料部 → 送货单
         ↓
品质部IQC → 来料报告单
              ↓
将检验结果记录 → 品质部检验
在来料报告单        ↓
上,并将复印件    来料报告  →  送货单  ⎫
交给物料部                    来料报告 ⎬ 财务入账
                                     ⎭
```

图 3-2　以来料报告单的形式通知品质部检验的过程

2.直接转交送货单

这种方法很简单,在送货单上加盖企业的编号印章后即可直接使用。但不容易追溯,送货单丢失后无法查证。

以送货单的形式通知品质部检验的过程如图 3-3 所示。

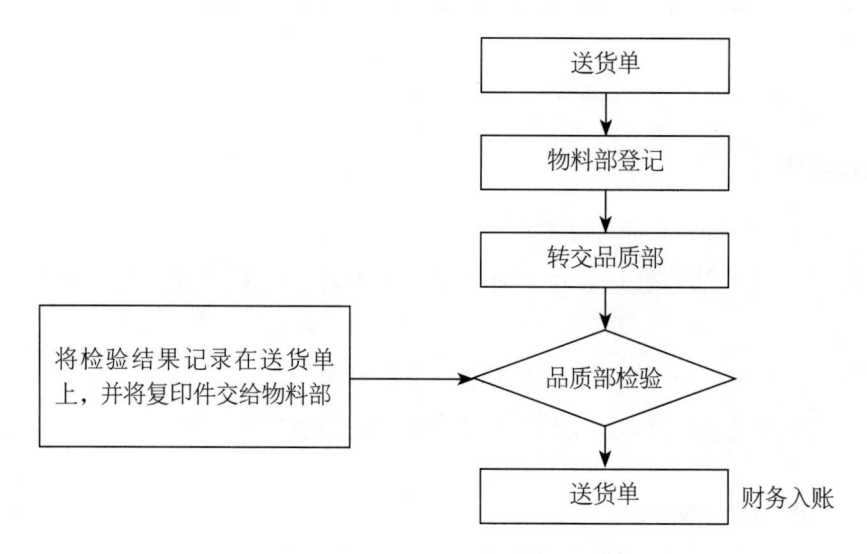

```
送货单
  ↓
物料部登记
  ↓
转交品质部
  ↓
将检验结果记录在送货单 → 品质部检验
上,并将复印件交给物料部     ↓
                      送货单  财务入账
```

图 3-3　以送货单的形式通知品质部检验的过程

三、处理物料

1.处理流程

处理物料的流程如图 3-4 所示。

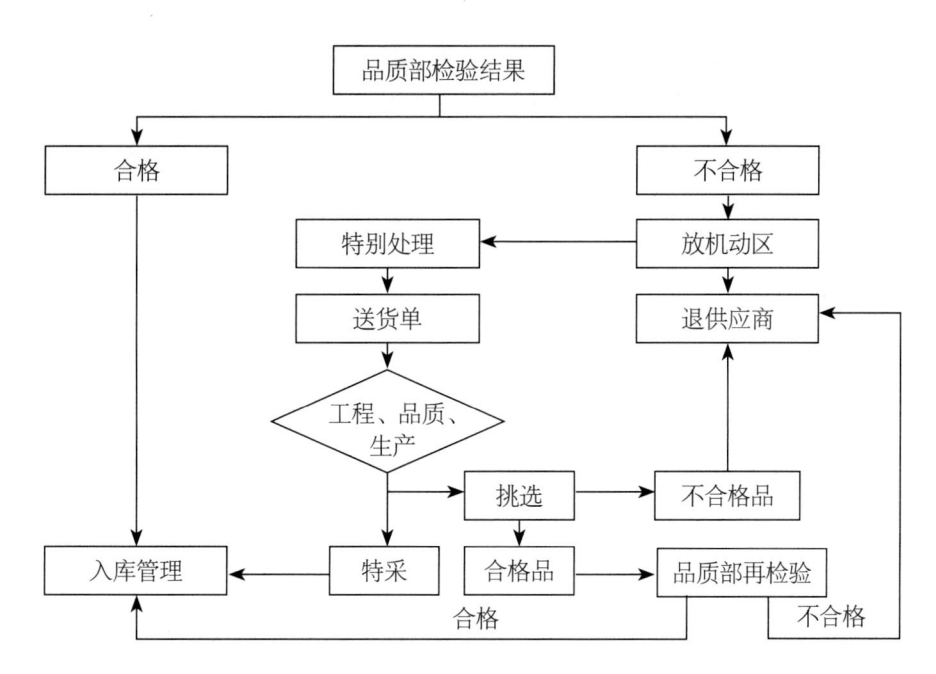

图 3-4 处理物料的流程

2.不合格物料的处理

品质部检验后对物料的标识通常为：在送货单或来料报告单上标注检验结果，如合格、不合格等；在被检验的物料或外包装上标注检验结果，如粘贴 IQC 合格、不合格标签等。

不合格物料的处理如图 3-5 所示。

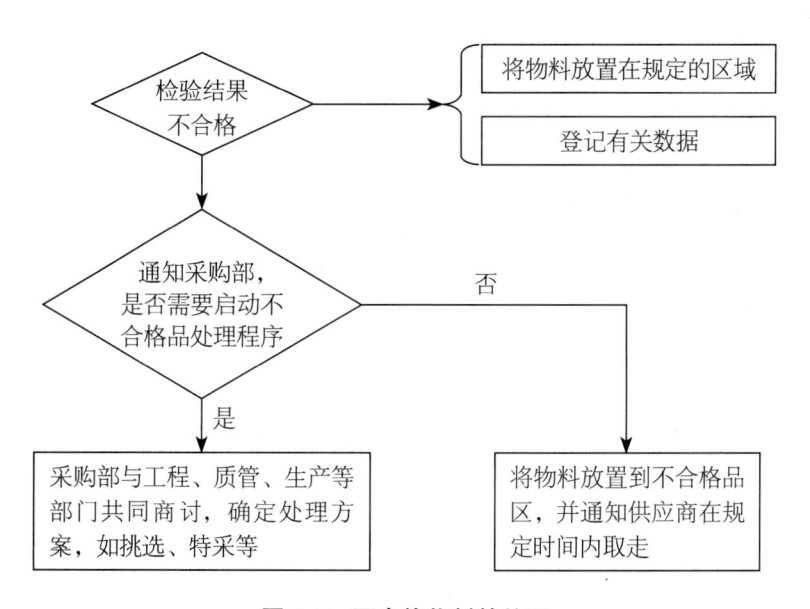

图 3-5 不合格物料的处理

（1）将需要挑选的物料放置到机动区。对选出的物料重新开具来料报告单，并交品质部再检验。检验结果合格的按合格品处理；不合格的退还给供应商，并要求其及时补料。

（2）将需要特采的物料挂上适当标识后按合格品处理。仓管员发料时要识别特采物料，并按规定用途发料，以确保有效追溯。

仓管员通知供应商领取退料时，应开具表3-8所示的退货单。

表3-8　退货单

供应商				订单号码		
				退货日期		
项次	料号	品名	规格	退货数量	不良原因	备注
经理	生产	会计	供应商	仓库	质管	

第一联：会计　第二联：采购　第三联：仓库　第四联：供应商　第五联：质管

四、损害赔偿

如果供应商提供的物料不合格且影响生产时，企业可以提出损害赔偿。根据严重程度，损害赔偿包括：

（1）警告。

（2）要求货品赔偿。

（3）要求金钱赔偿。

采购部门和供应商事先一定要协商好相关赔偿条款，以免日后产生纠纷。

第三节　入库验收

无论是物流企业、制造企业还是零售企业，仓管员收到货品后，都应做好入库验收工作。

一、验收前的准备工作

为提高验收效率，减少人力消耗，仓库验收工作必须有计划、有步骤地进行。验收的准备工作如图 3-6 所示。

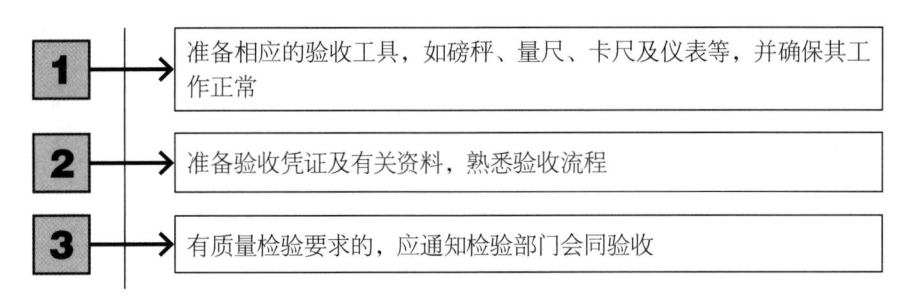

1	准备相应的验收工具，如磅秤、量尺、卡尺及仪表等，并确保其工作正常
2	准备验收凭证及有关资料，熟悉验收流程
3	有质量检验要求的，应通知检验部门会同验收

图 3-6　验收的准备工作

二、验收工作的要求

验收工作的要求如图 3-7 所示。

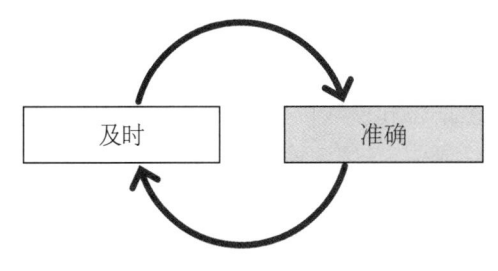

及时 ⇄ 准确

图 3-7　验收工作的要求

1. 及时

到库货品必须在规定期限内完成验收。如果验收时发现货品数量不符或质量不合要求，要及时要求退货、换货或向对方提出索赔；否则，超过规定期限，银行不予办理手续，供货方也不予赔偿。

> **小提示**
>
> 到库货品必须全部验收完毕且登记账卡后，仓库才能发货，不能边验收边发货，也不能未验收就发货。

2. 准确

对于入库物品的数量、规格、质量及配套情况，验收时一定要准确无误，应反映货品的真实情况，不能带有主观偏见和臆断。

三、证件核对

（1）入库通知单、订货合同等。

入库通知单是仓库接收货品的主要凭证，一般包括来源、收货仓库、货品名称、品种、数量、规格、单价、实收数、收单时间及验收时间等内容。订货合同是供需双方约定执行供应任务并承担经济责任的协议书，具有法律效力，因此，仓库应严格按合同接收货物。

（2）质量证明书或合格证、装箱单、磅码单、发货明细表等。

（3）运输公司提供的运单等。

四、数量验收

数量验收通常的做法是直接检验，但是当货物和送货单未同时到达时，则会实行大略式检验。另外，在检验时应将数量做两次确认，以确保准确无误。

如果件数与入库通知单不符，数量短少，经复点确认后，应在送货单各联上标注清楚，并按实际数签收。同时，由仓管员与承运人共同签字确认。仓管员应将短少物品的品名、规格、数量通知承运单位和供应商，并开出短料报告，要求供应商补货，如表3-9所示。

表 3-9 短料报告

至：　　　　　　　　　　　出厂编码：
从：　　　　　　　　　　　交货期：

料号			
供应商		订单号	
来料日期		短料数量	
收料仓员		要求补回数量	
短料原因			
仓库主管核实		QC证明	
生产主管意见		请供货商在____前补回短料数	

五、品质验收

对于物品品质的检验，可以采用红外线鉴定法，或者依照验收标准采取各种检验方法。

1.检查物品包装

物品包装的完整程度及外观状况与内部物品的质量有着直接的关系。对包装进行检验，能够发现物品在储存、运输过程中可能发生的意外，并据此推断物品的受损情况。因此，在验收物品时，仓管员需要首先对包装进行严格的检查。发现包装出现图3-8所示的情况时要认真对待。

包装上有人为挖洞、开缝现象

说明物品在运输过程中有被盗窃的可能，此时要对物品的数量进行认真核对

包装上有水渍或比较潮湿时

表明物品在运输过程中有被雨淋、水浸的可能，或物品本身出现潮解、渗漏，此时要对物品进行开箱检验

包装上有被污染的痕迹

说明由于装配不当，可能引起了物品的泄漏，并导致物品之间相互污染，此时要将物品送交质量检验部门进行检验

包装破损

说明包装结构不良、材质不当或装卸过程中有乱摔、乱扔等情况，此时应对物品进行开箱检验

图3-8　包装可能出现的情况及处理方式

2.检验外观质量

物品包装检验只能判断物品的大致情况，仓管员还应对物品的外观质量进行检验。物品外观质量检验包括外观质量缺陷、外观质量受损及受潮、霉变和锈蚀等情况。

物品外观质量检验主要采取感官验收法，即用感觉器官，如视觉、听觉、触觉、嗅觉等，检查物品的质量。它简便易行，不需要专门设备，但具有一定的主观性，容易受检验人员的经验、操作方法和环境等因素影响，具体如图3-9所示。

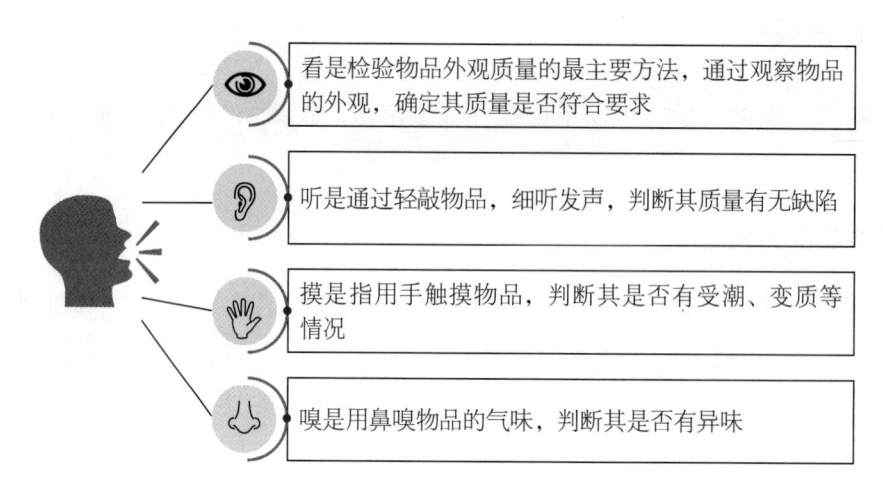

看是检验物品外观质量的最主要方法，通过观察物品的外观，确定其质量是否符合要求

听是通过轻敲物品，细听发声，判断其质量有无缺陷

摸是指用手触摸物品，判断其是否有受潮、变质等情况

嗅是用鼻嗅物品的气味，判断其是否有异味

图 3-9　物品外观质量的检验方法

对于不需要进行进一步质量检验的物品，仓管员在完成上述检验后，就可以为合格的物品办理入库手续了。对于那些需要进一步进行内在质量检验的物品，仓管员应通知质量检验部门对物品进行检验，待检验合格后才能够办理入库手续。

小提示

物品的检查有全检和抽检两种方式。一般而言，对于高级品或贵重物品，应做全面性检查，而对于数量大或低价物品，则宜采取抽样性检查。

第四节　入库后的登记

物品验收合格后，仓管员应该办理入库手续，根据物品的实际检验情况填写物品入库单，并开展登账、设卡以及建档等一系列工作。

一、成品入库登记

1. 成品入库的条件

产品的包装、质量经检验符合企业标准。

2. 成品入库的流程

成品入库的流程如图 3-10 所示。

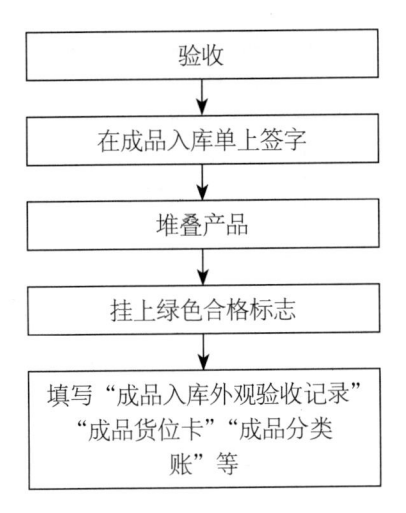

```
        ┌─────────────────┐
        │      验收        │
        └────────┬────────┘
                 ↓
        ┌─────────────────┐
        │  在成品入库单上签字  │
        └────────┬────────┘
                 ↓
        ┌─────────────────┐
        │     堆叠产品      │
        └────────┬────────┘
                 ↓
        ┌─────────────────┐
        │   挂上绿色合格标志   │
        └────────┬────────┘
                 ↓
        ┌─────────────────┐
        │ 填写"成品入库外观验收记录"│
        │  "成品货位卡""成品分类 │
        │       账"等       │
        └─────────────────┘
```

图 3-10 成品入库的流程

3.成品入库验收的内容

（1）车间成品入库时，应由车间人员填写"成品入库单"，交仓管员审核。仓管员逐项核对"成品入库单""检验报告单""成品审核放行单"中的产品名称、规格、数量、包装和批号是否一致，与入库产品是否相符，字迹是否清晰无误，签印是否齐全。

（2）检查产品外包装。仓管员检查产品外包装时应注意图 3-11 所示的四点。

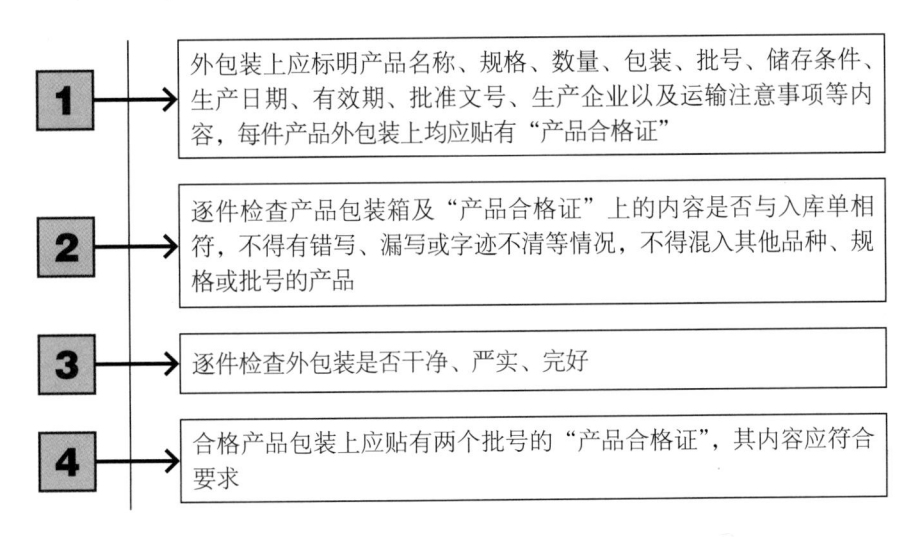

1 外包装上应标明产品名称、规格、数量、包装、批号、储存条件、生产日期、有效期、批准文号、生产企业以及运输注意事项等内容，每件产品外包装上均应贴有"产品合格证"

2 逐件检查产品包装箱及"产品合格证"上的内容是否与入库单相符，不得有错写、漏写或字迹不清等情况，不得混入其他品种、规格或批号的产品

3 逐件检查外包装是否干净、严实、完好

4 合格产品包装上应贴有两个批号的"产品合格证"，其内容应符合要求

图 3-11 检查产品外包装的注意事项

（3）清点数量是否与"成品入库单"（如表 3-10 与表 3-11 所示）相符。

表 3-10　成品入库单

送货部门：　　　　　　　　　　　年　月　日　　　　　　　入库单号：

产品编号	品名	规格	包装规格	生产日期	批号	有效期	检验单号	单位	数量

入库验收情况	入库验收情况　数量点收（　）　外观检查（　）　合格证（　） 检验报告书（　）　成品审核放行单（　）
备注：	

此单为四联：①（白）仓库　　②（红）财务　　③（黄）生产车间　　④（绿）统计

审批人：　　　　　　制单人：　　　　　　经办人：　　　　　　收货人：

表 3-11　外厂加工成品入库单

　　　　　　　　　　　　　　　年　月　日　　　　　　　编号：

成品名称				数量		单价	
承制厂商				承制日期		总价	
点收记录	□短交　□超交　□正确					点收人	
检验记录						检验人	
入库记录	成品仓库			生产部			
	主管		经手人	主管		入库人	

4.成品入库后的摆放及入账

成品入库后应放置于仓库的合格品区。仓管员应认真审核，在成品账上记录产品的名称、型号、规格、批号、生产日期、数量、保质期、入库日期以及注意事项等内容，并按规定设置标识。

> **小提示**
>
> 未经检验和试验或经检验和试验认定不合格的产品不得入库。

二、半成品入库登记

仓库应加强对半成品的管理，建立物品出入库流程、库房管理制度、物品盘点制度等，编制相应的表单，如出库单、入库单、领料单、盘点表等，并与财务统计工作结合起来。

1.半成品入库的流程

半成品入库的流程如图 3-12 所示。

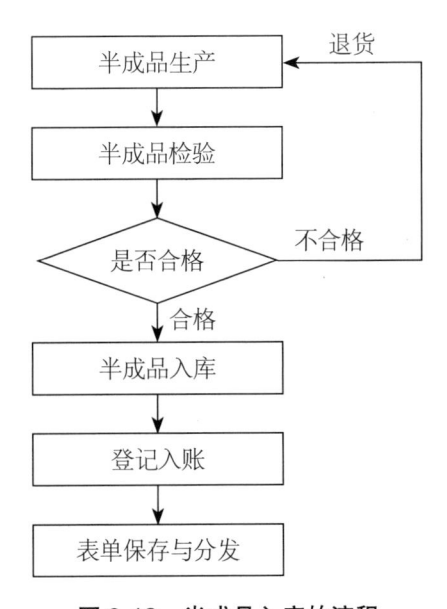

```
半成品生产 ←──── 退货
    ↓                │
半成品检验            │
    ↓                │
是否合格 ──不合格────┘
    ↓合格
半成品入库
    ↓
登记入账
    ↓
表单保存与分发
```

图 3-12　半成品入库的流程

2.半成品入库的检验

半成品入库检验应注意以下两点内容。

（1）仓管员应按2%～5%的比例抽取半成品进行检验，并在抽查箱上注明抽查标记。

（2）检验无误后，仓管员在表3-12所示的半成品入库单上签名，并取回相应联单，然后将半成品收入指定仓位，挂上"物料卡"。

表3-12 半成品入库单

生产部门： 　　　　　　　　　　　　　　编号：
生产单号： 　　　　　　　　　　　　　　日期：

编号	品名	规格	单位	生产批量	入库数量	质量判定	实收数量	备注

仓管员：　　　　　　　　质管员：　　　　　　　　生产物料员：

3.账目记录

仓管员应及时做好半成品的入账手续。

4.表单的保存与分发

仓管员应将当天的表单分类归档或集中送到相关部门。

三、入库单填制

物品验收合格后，仓管员应据实填写物品入库单，要求内容完整、字迹清晰，并于每日工作结束后，将入库单的存根联进行整理，统一保存。

四、明细账登记

为了便于对入库物品进行管理，准确反映物品入库、出库及结存情况，为对账、盘点等提供依据，仓库还应建立实物明细账，如表3-13所示。

表 3-13　实物明细账

存货名称：　　　　　　　存货编号：　　　　　　　计量单位：
最高存量：　　　　　　　最低存量：　　　　　　　存放地点：

年		凭证		摘要	收入	发出	结存
月	日	种类	号码				

五、设置物品保管卡

物品保管卡又叫货卡、料卡，是一种实物标签。物品保管卡的内容包括以下几个方面。
（1）物品的状态，如待检、待处理、不合格、合格等。
（2）物品的名称、规格、供应商和批次。
（3）物品的入库、出库等动态信息。
保管卡上的内容不是一成不变的，仓管员应根据具体情况，对物品保管卡上的内容做适当调整，如表 3-14 和表 3-15 所示。

表 3-14　物品保管卡（一）

物品名称		物品编号	
物品规格		物品批次	
供应商		标准单位	
物品状态：□成品　□半成品　□待验　□待处理　□不合格　□合格			
库存量		仓管员	

表 3-15 物品保管卡（二）

货位编号：　　　　　日期：

材料名称		用途			
材料编号		主要供应商			
估计年用量		订货期		经济定量	
安全用量		替代品			
月份	实际用量	需求计划			平均单价
1					
2					
3					
4					
……					
12					
合计					
收发记录					
日期	单据号码	发出量	收料量	退回量	库存量	备注

对于设置了待检区、待处理区、合格品区、不合格品区的仓库，在设置保管卡时，可以省略物品的状态信息。为了便于对物品存量进行控制及管理，可以在物品保管卡上增加物品估计用量、安全库存等信息。

六、建立物品档案

建立物品档案是指将与物品入库有关的资料、证件等进行整理与保存，详细记录物品入库的活动过程。

1.收集档案资料

物品档案反映了物品从入库、储存到出库的全过程。为了建立完善的物品档案，仓管员需要收集以下资料。

（1）物品入库资料

① 物品出厂时的凭证和技术资料，如物品使用说明、合格证、装箱单、发货明细表等。

② 物品运输过程中的各种单据，如运输单、货运记录等。

③ 物品验收入库的单据，如入库通知单、验收记录、磅码单、检验报告等。

（2）物品保管资料

物品保存期间的检查、保养与变动等情况，以及仓库储存环境记录。

（3）物品出库资料

物品出库的凭证，如领料单、出库单、调拨单等。

2.建立物品档案

仓管员收集齐全物品入库的各种资料后，应建立物品档案，并进行有效管理。

3.档案管理的注意事项

（1）对档案进行统一编号。为了防止档案丢失，方便查阅，仓管员应将物品档案进行统一编号。

（2）确定资料的保管期限。仓管员应根据实际情况确定资料的保管期限。其中有些资料，如库区环境资料、物品试验资料，应长期保存。

（3）及时更新资料。

第五节　退料入库

退料入库是企业仓库管理非常重要的一环，规范的退料入库流程，可以确保生产和物流高效运作。

一、退料的类型

退料的类型如图3-13所示。

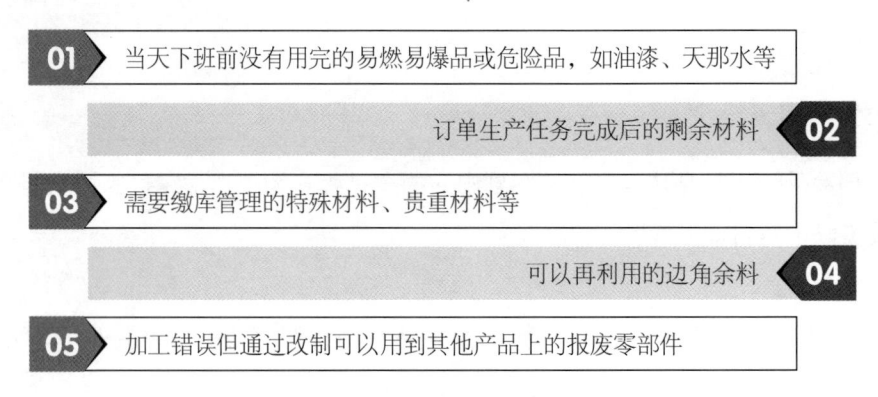

01 当天下班前没有用完的易燃易爆品或危险品，如油漆、天那水等

02 订单生产任务完成后的剩余材料

03 需要缴库管理的特殊材料、贵重材料等

04 可以再利用的边角余料

05 加工错误但通过改制可以用到其他产品上的报废零部件

图 3-13　退料的类型

> **小提示**
>
> 退料部门应按照程序填写退料单。仓管员核对退料单的内容与实物相符后方可办理退料入库手续。

二、退料的处理方式

退料的处理方式主要有图 3-14 所示的三种。

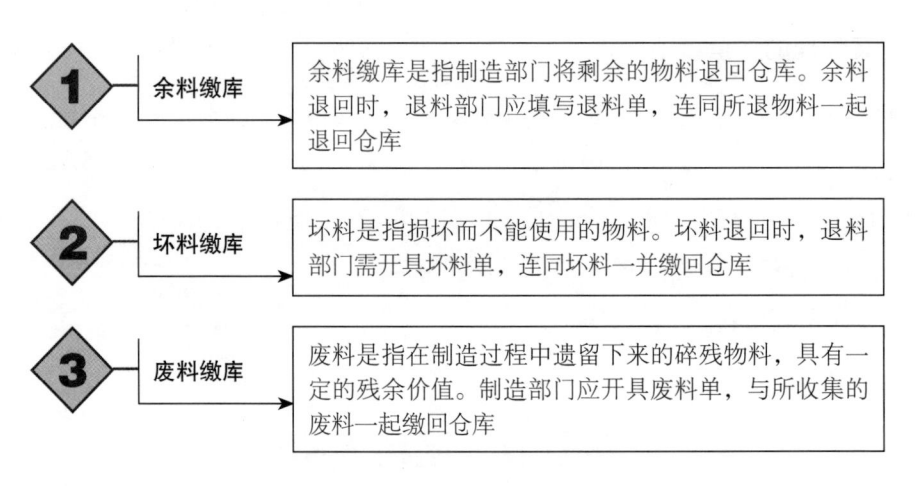

1　余料缴库　　余料缴库是指制造部门将剩余的物料退回仓库。余料退回时，退料部门应填写退料单，连同所退物料一起退回仓库

2　坏料缴库　　坏料是指损坏而不能使用的物料。坏料退回时，退料部门需开具坏料单，连同坏料一并缴回仓库

3　废料缴库　　废料是指在制造过程中遗留下来的碎残物料，具有一定的残余价值。制造部门应开具废料单，与所收集的废料一起缴回仓库

图 3-14　退料的处理方式

三、退料手续的办理

1.签收退料单

仓管员接到表 3-16 所示的退料单后，应检查是否有责任人的签名。

表 3-16　退料单

日期：

物品编号	物品名称	退料部门	退料数量	退料原因	备注

退料人：　　　　　质检：　　　　　仓库：　　　　　审核人：

余料退回后，仓管员在记账时，应在发出栏用红字填写，增加库存数量和金额。同时，在仓库统计表中，应对发出量进行反向处理。

2.接收退料

仓管员在接收退料时应注意图 3-15 所示的事项。

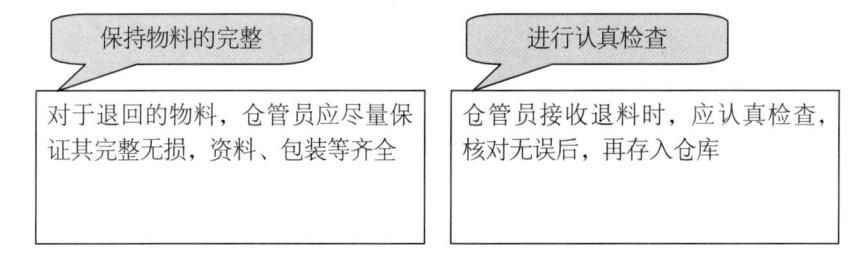

保持物料的完整
对于退回的物料，仓管员应尽量保证其完整无损，资料、包装等齐全

进行认真检查
仓管员接收退料时，应认真检查，核对无误后，再存入仓库

图 3-15　接收退料的注意事项

四、退料的存放与管理

1.存放

仓管员应分区存放各类退料，并在物料卡上注明入库的日期及数量，按先进先出的原则出库，以防存放过久而变质。

2.管理

仓管员收到余料后，应全数检选、分类、分级存放，并建立样卡。对于无回收价值的余料，应定期予以处理，以免占用库存空间，影响正常物品的保存。

第四章

物品搬运管理

第一节　物品搬运常识

物品搬运通常是指物品在车间或仓库内部，以及在仓库与生产设施之间、仓库与运输车辆之间移动。

一、搬运的原则

搬运就是把物品从某一个位置转移到另一个位置的过程。搬运的原则如表 4-1 所示。

表 4-1　搬运的原则

序号	原则	具体说明
1	标准化原则	将搬运方法、设备、器具、控制和软件标准化
2	简化原则	减少或消除不必要的搬运活动和工具，以简化搬运流程
3	安全原则	在设计物料搬运流程和选择搬运设备时，应考虑人员与货物的安全
4	空间利用原则	充分利用库房的整体空间，包括垂直方向
5	系统化原则	尽可能将各种搬运活动整合为一个整体，相互协调，包括收货、检验、储存、包装、发货、运输等
6	自动化原则	尽量使用自动化设备，以提高作业效率，减少人工成本
7	环境保护原则	在设计物料搬运流程和选择搬运设备时，应当注意对环境的保护
8	经济原则	合理安排人力、物力，使搬运成本达到最低

二、搬运的注意事项

搬运物品时应注意图 4-1 所示的事项。

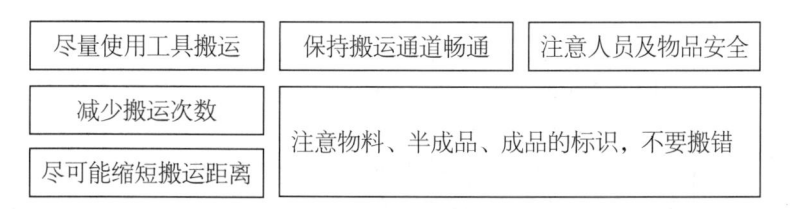

- 尽量使用工具搬运
- 保持搬运通道畅通
- 注意人员及物品安全
- 减少搬运次数
- 尽可能缩短搬运距离
- 注意物料、半成品、成品的标识，不要搬错

图 4-1　搬运物品时的注意事项

三、搬运的方法与工具

搬运方法是为实现搬运目标而采取的搬运措施，搬运工具因物品属性的不同而不同。搬运方法与工具的选择直接影响搬运作业的质量、效率和安全性。

1. 熟悉搬运作业指导书

搬运作业指导书是一种规范性文件，为仓库人员实施搬运作业提供了指导和依据。它的作用和要求如下。

（1）明确目的：指明搬运方法、明确搬运步骤、规范搬运作业流程。

（2）明确范围：适合企业内部的搬运和装卸作业。

（3）搬运作业指导书应包括以下内容：

① 搬运人员的职责。

② 搬运设备、工具的使用方法。

③ 搬运方式的选择。

④ 搬运的注意事项。

⑤ 搬运事故的处理方法。

⑥ 装载物品的方法。

⑦ 卸载物品的方法。

⑧ 堆放物品的方法。

⑨ 特殊物品的搬运方法。

⑩ 适当的图示指引。

2. 知晓搬运方法

通常而言，搬运方法的分类如表4-2所示。

表4-2 搬运方法的分类

序号	分类依据	说明
1	搬运对象	（1）单件搬运法，即逐个、逐件地搬运和装卸，主要针对庞大、笨重的物品 （2）集装单元搬运法，即像集装箱一样实施搬运 （3）散装搬运法，对无包装的散料，如水泥、沙石、钢筋等直接进行装卸和搬运
2	搬运手段	（1）人工搬运法，即主要依靠人力进行搬运，但也会使用一些简单的器具和工具，如扁担、绳索等 （2）机械搬运法，即借助机械设备来完成物品的搬运，这里的机械设备不仅包括简单的器具，还包括性能比较完善的器具，如装卸机等

续表

序号	分类依据	说明
2	搬运手段	（3）自动搬运法，是指在电脑系统的控制下完成一系列搬运作业，如自动上料机、机电一体化传输系统等
3	搬运原理	（1）滑动法，就是利用物品的重力进行下滑移动，比如滑桥、滑槽、滑管等 （2）牵引法，即依靠外部牵引力的作用使物品产生移动，如拖拉车、吊车等 （3）气压输送法，即利用正负空气压强产生的作用力吸送或压送粉状物品，如负压传输管道等
4	搬运连续性	（1）间歇搬运法，即搬运作业有一定的停顿，如起重机、叉车搬运等 （2）连续搬运法，即搬运作业连续不间断地进行，如传送带、卷扬机搬运等
5	搬运方向	（1）水平搬运法，如把物品由甲地运往乙地 （2）垂直搬运法，如把物品升到一定的高度

3.选择搬运方法

搬运作业指导书中对搬运方法有明确的说明，以便搬运人员做出正确的选择。

一般情况下，选择搬运方法时应考虑人、机、料、法、环等因素，如图4-2所示。

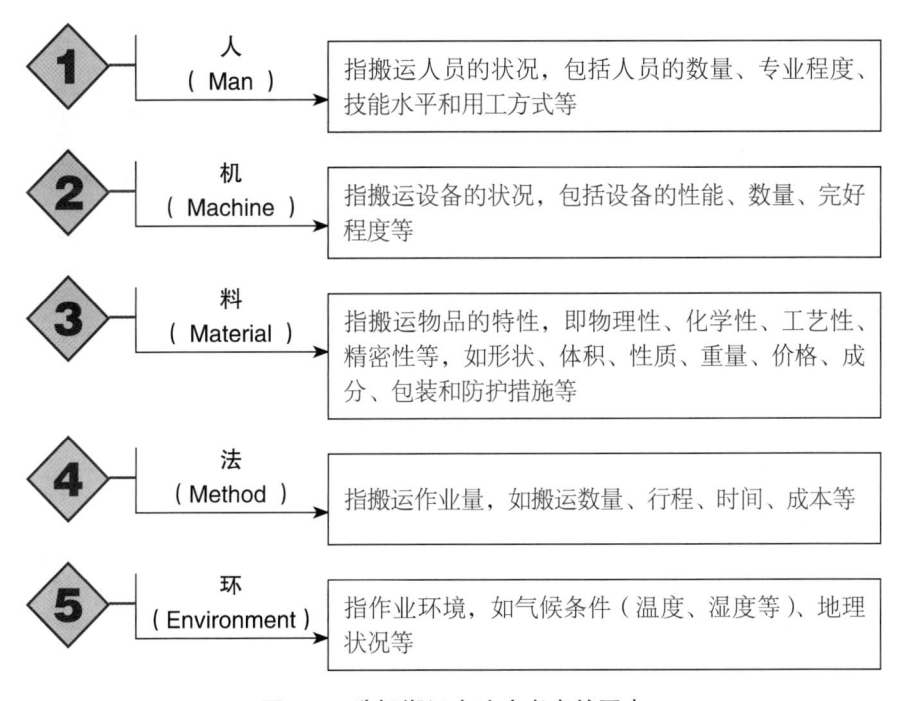

1 人（Man）：指搬运人员的状况，包括人员的数量、专业程度、技能水平和用工方式等

2 机（Machine）：指搬运设备的状况，包括设备的性能、数量、完好程度等

3 料（Material）：指搬运物品的特性，即物理性、化学性、工艺性、精密性等，如形状、体积、性质、重量、价格、成分、包装和防护措施等

4 法（Method）：指搬运作业量，如搬运数量、行程、时间、成本等

5 环（Environment）：指作业环境，如气候条件（温度、湿度等）、地理状况等

图4-2 选择搬运方法应考虑的因素

> 相关链接

常见的物品运输标志

1. 包装储运图示标志

包装储运图示标志是根据产品的某些特性（如怕湿、怕震、怕热、怕冻等）而设计的，目的是在货物运输、装卸和储存过程中，引起作业人员的注意，提醒他们按图示要求进行操作。

（1）小心轻放标志

表示包装内货物易碎，不能受到冲击和震动，必须轻拿轻放

小心轻放标志

（2）向上标志

表示包装内货物不得倾倒、倒置，搬运时必须朝上

向上标志

（3）由此吊起标志

表示吊运货物时挂链条或绳索的位置

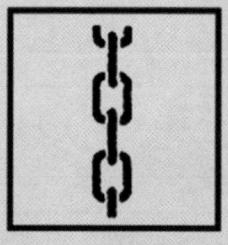

由此吊起标志

（4）重心点标志

表示货物的重心位置，以便移动、拖运、起吊等

重心点标志

（5）重心偏斜标志

表示货物重心向右偏离货物的几何中心，货物容易倾倒或翻转

重心偏斜标志

（6）易于翻倒标志

表示货物容易倾倒，放置时必须注意安全

易于翻倒标志

（7）怕湿标志

表示货物在运输搬运过程中不能被雨淋湿或向其直接洒水

怕湿标志

（8）怕热标志

表示包装内的货物怕热，不能曝晒，也不能置于高温热源附近

怕热标志

（9）怕冷标志

表示包装内的货物怕冷，不能受冷、受冻

怕冷标志

（10）堆码极限标志

表示货物的码放有重量和层级限制，应按要求在符号上添加数值

堆码重量极限　　堆码层数极限

堆码极限标志

（11）温度极限标志

表示货物应在一定的温度条件下存放，绝不能超过规定的温度

温度极限

温度极限标志

（12）由此开启标志

表示包装箱开启的位置。一般用在较硬的、需用工具开启的外包装箱上

由此开启标志

（13）由此撕开标志

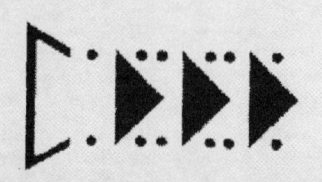

表示包装的撕开部位。符号的箭头表示撕开的方向。一般用在软封装或纸箱等的外包装上

由此撕开标志

（14）禁止翻滚标志

表示搬运货物时不得滚动，只能进行直线水平移动

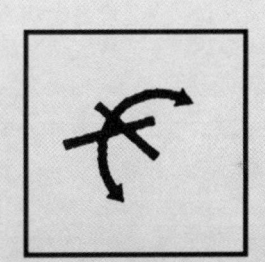

禁止翻滚标志

（15）禁用手钩标志

表示不得使用手钩直接钩住货物或其包装进行搬运，否则会损坏货物

禁用手钩标志

2. 危险货物包装标志

危险货物包装标志是用来标明化学危险品的，目的是引起人们的注意，一般用特殊的色彩或黑白菱形表示。

（1）爆炸品标志

表示包装内有爆炸品，受到高热、摩擦、冲击或与其他物质接触后，容易产生剧烈反应而引起爆炸

爆炸品标志

（符号：黑色；底色：橙红色）

（2）易燃气体标志

表示包装内是容易燃烧的气体，受冲击或受热后易造成气体膨胀，有爆炸和燃烧的危险

易燃气体标志

（符号：黑色或白色；底色：正红色）

（3）不燃压缩气体标志

表示包装内是有爆炸危险的不燃压缩气体，受冲击或受热后容易导致气体膨胀而引起爆炸

不燃压缩气体标志

（符号：黑色或白色；底色：绿色）

（4）有毒气体标志

表示包装内是有毒气体，容易引起爆炸或中毒，应格外注意

有毒气体标志
（符号：黑色；底色：正红色）

（5）易燃液体标志

表示包装内是易燃液体，燃点较低，即使不与明火接触，受热、受冲击或接触氧化剂，也会引起燃烧或爆炸

易燃液体标志
（符号：黑色或白色；底色：正红色）

（6）易燃固体标志

表示包装内是易燃性固体，燃点较低，容易引起燃烧或爆炸

易燃固体标志
（符号：黑色或白色；底色：正红色）

(7) 自燃物品标志

自燃物品标志
（符号：黑色；底色：上白下红）

表示包装内是易自燃的物品，即使不与明火接触，在适当的温度下也能发生氧化反应，使热量达到自燃点而引起燃烧

(8) 遇湿易燃物品标志

表示包装内物品遇水受潮能分解产生可燃性有毒气体，引起燃烧或爆炸

遇湿易燃物品标志
（符号：黑色或白色；底色：蓝色）

(9) 氧化剂标志

氧化剂标志
（符号：黑色；底色：柠檬黄色）

表示包装内是氧化剂，具有强烈的氧化性能，遇酸、受潮、高热、摩擦、冲击或与易燃有机物、还原剂接触即能分解，引起燃烧或爆炸

（10）有机过氧化物标志

表示包装内是有机过氧化物，易燃、易爆、易分解，对热、震动、摩擦极为敏感。搬运中不能摔碰、拖拉、翻滚、摩擦和剧烈震动

有机过氧化物标志
（符号：黑色；底色：柠檬色）

（11）有毒品标志

有毒品标志
（符号：黑色；底色：白色）

表示包装内是有毒物品，具有较强的毒性，能引起人员、牲畜局部刺激、中毒，甚至造成死亡

（12）剧毒品标志

表示包装内是剧毒物品，具有强烈毒性，极少量接触人员、牲畜皮肤或侵入体内，即能引起中毒造成死亡。搬运时作业人员必须穿戴防护用品，皮肤破损处严禁接触物品

剧毒品标志
（符号：黑色；底色：白色）

（13）有害品（远离食品）标志

表示包装内是有害物品，不能与食品接近，否则容易引起中毒。这种物品和食品的垂直、水平间隔距离至少应为3米

有害品（远离食品）标志
（符号：黑色；底色：白色）

（14）感染性物品标志

表示包装内是含有致病性微生物的物品，误吞咽、吸入或接触皮肤会损害人的健康

感染性物品标志
（符号：黑色；底色：白色）

（15）一级放射性物品标志

表示包装内是放射量较小的一级放射性物品，能放出 α、β、γ 等射线，对人体有一定危害

一级放射性物品标志
（符号：黑色；底色：白色，附一条红竖线）

（16）二级放射性物品标志

表示包装内是放射量中等的二级放射性物品，能自发地、不断地放出 α、β、γ 等射线

二级放射性物品标志
（符号：黑色；底色：白色，附两条红竖线）

（17）三级放射性物品标志

表示包装内是放射量很大的三级放射性物品，能自发地、不断地放出很强的 α、β、γ 等射线。搬运时作业人员一定要穿特定的防辐射服装，作业完毕应全身清洗

三级放射性物品标志
（符号：黑色；底色：白色，附三条红竖线）

（18）腐蚀品标志

表示包装内是具有腐蚀性的物品，接触人体或物品后，即产生腐蚀作用。搬运时作业人员应穿戴耐腐蚀的防护用品以及防毒面具

腐蚀品标志
（符号：上黑下白；底色：上白下黑）

四、搬运的要求

1.人工搬运的限制

对于一些简单、轻型的物料，采取人工搬运方式，能降低搬运成本。

但是人工搬运易受主观因素的影响，人在心情不好的时候，会影响搬运效率和搬运质量。而且，过多地采用人工搬运也会浪费体力及时间，所以应尽量少用。

2.搬运工具的使用

一般情况下，企业搬运大都使用机械工具，既可大幅提高工作效率，又能降低员工受伤风险。

常见的搬运工具有脚轮、叉车、搬运车、手推车、塑料托盘、地脚等。

根据物品的体积、搬运距离、搬运方法等因素，可选择不同的搬运工具，如卡车、输送带、升降机、起重机、自动分拣装置等。对于一些容易破碎的物品，通常使用塑料板或搬运车。危险品的搬运则有独特的要求。

某企业仓库搬运现场如图 4-3 所示。

图 4-3　仓库搬运现场图

第二节　物品的有效搬运

搬运的有效性是针对搬运结果而言的，也就是说搬运结果对于物品的使用或存放是有效的。

一、有效搬运的体现

有效搬运主要体现在图 4-4 所示的几个方面。

图 4-4 有效搬运的体现

1. 时效

时效即按时完成搬运任务。为确保搬运工作的时效性，搬运前期，仓管员应清楚了解，需要搬运什么物品，数量是多少，需要多长时间，搬运时需注意什么等事项。

2. 质量

即搬运时确保物品的质量不受损害。影响产品质量的因素有很多，如生产、包装等，但是人们很容易忽视搬运对产品质量的影响。其实搬运过程对产品质量的影响是非常大的，仓管员应格外注意。

3. 安全

即人的安全、设备的安全与物品的安全。仓库作业中发生事故最多的环节应该是搬运了，有不遵守安全操作导致人员受伤的事故，也有因搬运流程不规范遗失物品的事故。

二、提高搬运效率

通过图 4-5 所示的措施，可以提高物品的搬运效率。

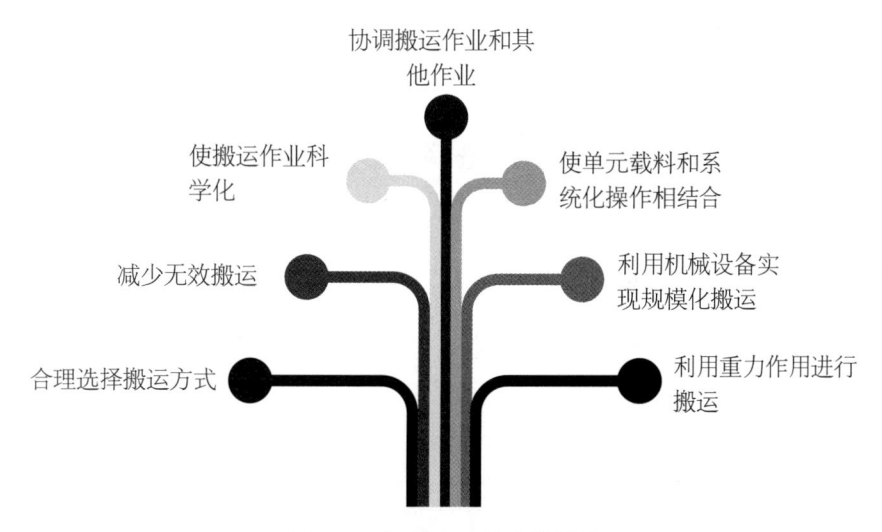

图 4-5 提高搬运效率的措施

1. 合理选择搬运方式

在搬运过程中，仓管员应根据物品的特点，选择正确的搬运方式。比如，对同一种物品进行搬运时，可采用集中作业方式。

2. 减少无效搬运

无效搬运主要表现为搬运次数过多。搬运次数过多，会增加成本，使企业产品的流通速度变慢，也会增加物品被损坏的风险。因此，仓管员应尽可能取消或合并某些作业环节。

3. 使搬运作业科学化

搬运作业科学化是指作业过程中要保证物品完好、不受损坏，杜绝野蛮式作业，同时保证作业人员的安全。仓管员使用搬运设备设施时，应注意它们的负荷，严禁超额、超限使用。

4. 协调搬运作业和其他作业

搬运作业与其他作业做到协调统一，才能充分发挥搬运作业的纽带作用。

要想实现搬运作业和其他作业的相互协调，可以采用标准化操作。搬运作业标准化是指对搬运作业的程序、方法及物料单元等制定统一的标准。

5. 使单元载料和系统化操作相结合

仓管员在搬运过程中，应尽量使用托盘和集装箱进行作业。托盘可将物品彼此分隔开来，便于分类；集装箱可将单元物料集中起来采用机械设备搬运，效率会更高。

6. 利用机械设备实现规模化搬运

对于劳动强度大、工作条件差、装卸频繁、重复动作多的搬运，仓库应尽可能采用机械化作业方式。机械设备可以大批量作业，进而产生规模经济，降低搬运成本。

比如，采用自动化立体仓库可以将人工作业降到最低，机械化、自动化水平得到很大提高。

7. 利用重力作用进行搬运

仓管员在搬运过程中，应考虑重力的作用。使用滑槽、滑板等简单工具，可以实现物品的垂直搬运，并减少人力与物力的消耗。

三、合理搬运

合理搬运是一种状态，也是一种趋势，与有效搬运相辅相成。

1. 合理搬运的准则

合理搬运的准则如图 4-6 所示。

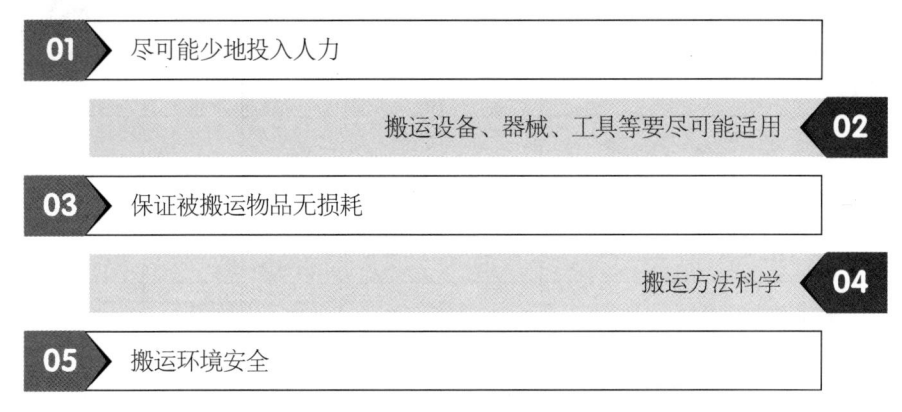

01 尽可能少地投入人力

搬运设备、器械、工具等要尽可能适用 **02**

03 保证被搬运物品无损耗

搬运方法科学 **04**

05 搬运环境安全

图 4-6　合理搬运的准则

2. 合理搬运的要求

要想实现合理搬运，应做到图 4-7 所示的几点。

1 减少搬运次数　　**2** 缩短搬运距离　　**3** 提高物品活载程度

图 4-7　合理搬运的要求

（1）减少搬运次数

即减少暂时放置的机会，尽可能一次搬运到位。由于暂时放置，仓管员很容易忘记或搬错，所以会增加搬运次数。

确定合适的单位搬运量是减少搬运次数的重要因素。

（2）缩短搬运距离

合理规划工厂布局，可以有效缩短搬运距离。在工厂布局已经确定的情况下，合理制定搬运计划与流程，也可以缩短搬运距离。

（3）提高物品活载程度

物品活载程度是指物品被移动的容易程度。比如，放在货架上的物品比堆放的物品容易搬运，所以前者的活载程度就大一些；放在托盘上的物品比放在传送带上的物品难搬运，则前者的活载程度就小一些。在实际工作中，应尽可能地提高物品的活载程度，如表 4-3 所示。

表 4-3　物品活载程度

状态	说明	处置时所费的人工				耗费的人力指数	活性指数
		收集	扶起	抬高	移动		
散放	散乱放置在地板、台架上	○	○	○	○	4	0
装箱	用集装箱、箱子、袋子装好或捆成捆儿放在一起	×	○	○	○	3	1
支垫	放置在平板架上或枕木上	×	×	○	○	2	2
装车	放置在推车上	×	×	×	○	1	3
移动	放置在移动的传送带上或斜槽上	×	×	×	×	0	4

上表中物品的活性指数如图 4-8 所示。

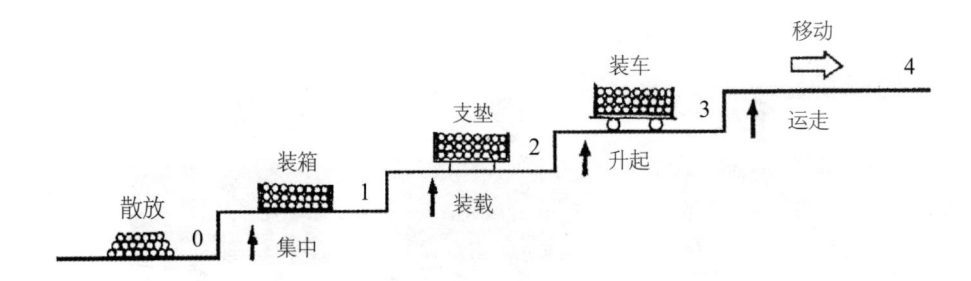

图 4-8　物品活性指数

常见的提高物品活载程度的方法如图 4-9 所示。

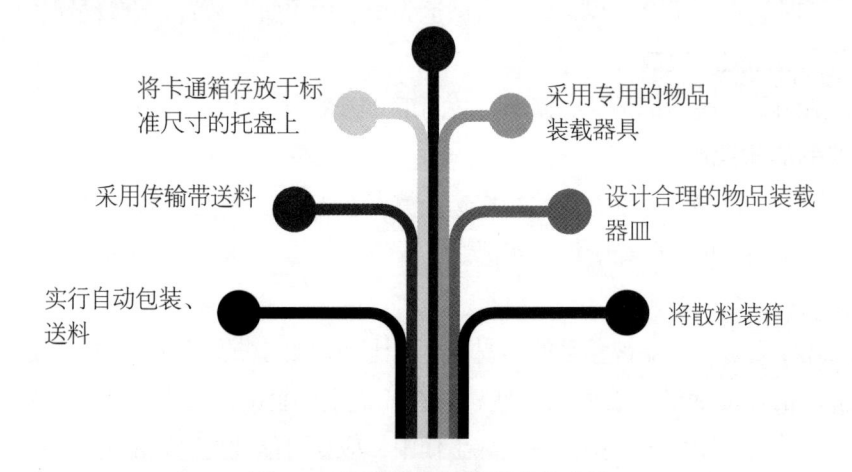

图 4-9　提高物品活载程度的方法

第三节 特殊物品的搬运

特殊物品是指那些具有特殊物理特性、化学特性、工艺特性的物品。特殊物品的搬运方法不当，可能导致人身伤亡或造成重大财产损失。所以，仓管员对这类物品要慎重处理。

一、特殊物品的类别

（1）危险品，如汽油、橡胶水、炸药、液化气等。
（2）剧毒品，如农药。
（3）腐蚀品，如硫酸。
（4）放射性物品，如放射性矿石。
（5）贵重物品，如金、银、玉器等。

二、特殊物品搬运器具的选择

（1）手推车：用于搬运较大的桶装危险化学品，有固定的轮子和手把，可支持较大重量，方便移动。
（2）塑料手推车：用于搬运小桶或瓶装危险化学品，支持的重量较小，方便携带。
（3）手提箱：用于搬运小瓶装危险化学品，方便携带和保存。
（4）危化品泵：用于将危险化学品从桶中吸出，可以有效避免危险品泼溅。
（5）危化品漏斗：用于将危险化学品从桶中倒出，可以有效避免危险品泼溅和浪费。

三、特殊物品的搬运要领

1.易爆品的搬运

（1）仔细检查运输车辆，车厢各部分必须保持干净和干燥，不能残留酸、碱等物品或其他异物。
（2）作业前检查易爆品的包装是否完整、牢固，使用的工具是否适当、安全。
（3）作业人员禁止携带烟火器具，禁止穿带有铁钉的鞋。
（4）搬运物品时人员要手对手、肩靠肩，交接牢靠。
（5）搬运时散落的粉状、粒状易爆品，要先用水湿润，再用木糠或棉絮等物品进行吸收，并妥善处理吸收物。

2. 氧化剂的搬运

（1）运输车内应保持干净，不得残留酸类、煤炭、面粉、硫化物、磷化物等物品。

（2）装卸车前应将车门打开，彻底通风。

（3）散落在车厢或地面上的粉状、颗粒状氧化物，应先撒上沙土，再清理干净。

3. 压缩气体和液化气体的搬运

（1）使用专用的搬运器具，禁止肩扛或滚动。

（2）搬运器具、车辆、防护服上不得沾有油污或其他危险物品，以防引起爆炸。

（3）钢瓶应平卧堆放，垛高不得超过四个，禁止日光直射暴晒。

4. 自燃品、易燃品的搬运

（1）作业时开门通风，避免可燃气体聚集。

（2）桶装的液体、电石等，若容器出现膨胀时，应使用铜质或木质扳手轻轻打开排气孔，放出膨胀气体后方可作业。

（3）雨雪天气，禁止搬运遇水易燃烧的物品。

（4）装运易挥发的液体时，开盖前应慢慢松开螺栓，停留几分钟后再开启。装卸完毕，应将阀门和螺栓拧紧。

5. 腐蚀性物品的搬运

（1）散落在车内或地面上的腐蚀品，应先用沙土覆盖或海绵吸收，再用清水冲洗干净。

（2）装过酸、碱的容器不得胡乱堆放。

（3）作业前应准备充足的清水，以便人员、车辆、工具等受到腐蚀时可以及时冲洗。

（4）装卸石灰时，应在石灰上放置垫板，不得在雨中作业，严禁将干湿石灰混装在一起。

6. 剧毒品的搬运

（1）装卸前打开车门、窗户通风。

（2）作业时穿好防护用具，作业后及时沐浴。

（3）使用过的防护用具、工具等，集中洗涤并消毒。

（4）患有慢性疾病的人员不能参与此项作业。

（5）人员的工作时间不宜过长，要充分休息。作业中如有头晕、恶心等现象，要立即停止作业，并及时就医。

7. 放射性物品的搬运

（1）由专业人员在作业前进行检查，确认是否可以搬运，并明确装卸方法和搬运时间。

（2）作业前做好防护。

（3）作业后立即将防护用品送到专门的场所，人员要沐浴换衣。

（4）人员沐浴、防护用品洗涤等都必须在专门的地方进行。

8. 贵重物品的搬运

贵重物品包括：精美的玉器、瓷器、艺术品，精密机械、仪表，易碎的玻璃器具等。搬运贵重物品时应注意以下几点。

（1）小心谨慎、轻拿轻放。

（2）严禁摔碰、撞击、拖拉、翻滚、挤压、抛扔或剧烈震动。

（3）严格按包装标志要求码垛、装卸。

（4）使用专用的盛装器具。

第五章

物品储存管理

第一节　仓储保管常识

做好仓储保管工作，能不断提高仓库管理的效率和质量，有效提升企业的经营水平。

一、仓储保管要求

原材料、在制品、成品均应储存在适宜的场所，储存条件也应满足要求，如必要的通风、防潮、温控等措施。企业应制定完善的仓库管理制度或标准，定期检查库存物品的状态，防止物品在使用或交付前损坏或变质。

1.整理储存区域

储存区域应干净整洁，环境条件适宜。对温度、湿度等储存条件敏感的物品，应有明显的标识，并单独存放。

2.使用适当的储存方法

容易变质和腐烂的物品，仓管员应使用适当的方法进行清洗、防护、包装和储存。

3.做好物品的监控和管理

仓管员应对储存的物品进行有效监控与管理。

（1）采取定期检验、先入先出、定期熏蒸消毒等措施，并做好记录。

（2）对于有储存期限要求的物品，应制定储存物品周转制度。物品堆放要合理，防止误用。

（3）定期检查库存物品的状况，禁止非仓库人员进入仓库，物品出库手续应齐全。

（4）对储存物品建立清楚完整的账物卡管理制度。

> **相关链接**
>
> **不同物品的保管要领**
>
> 一、贵重物品的保管
>
> 贵重物品是指价值较高的物品，一般根据贵重程度进行分级管理，通常使用专用仓库和保险柜储存。
>
> 1.专用仓库
>
> 专用仓库主要用来保管焊锡条、羊绒等价值高且数量大的物品。

（1）配置自动报警和监视系统，安装防盗门、密码保险锁等。

（2）指定专人进行管理。

（3）增加盘点频次，一般每周盘点一次。

（4）保管员应每周向上级报告物品保管情况。

（5）仓库主管应每月点检确认一次。

2. 保险柜

保险柜主要用来保管金、银、水银等贵重物品。此类物品的保管实行两人管理制。

（1）将保险柜放置在规定的仓库内。

（2）保险柜由保管员和监督员掌管密码，只有两人同时在场时方可开启。

（3）编制保管物品清单，严格进行记账和过磅管理。

（4）仓库主管应每月点检确认一次。

二、危险物品的保管

危险物品是指化工原料、印刷油墨、炸药、汽油、天那水等具有危险性的物品。一般根据物品的危险程度实施不同级别的管理。

1. 高危物品——专用仓库管理法

专用仓库管理法即设置专门用途的仓库，用来存放高危险性物品，如炸药、汽油、天那水等。

（1）建造适宜的库房，并配备必要的防护设施。

（2）制定专用库房管理细则。

（3）仓管员熟知物品的保管方法及安全要求。

（4）严格按规定保管高危物品。

（5）加强对储存环境的监控。

（6）保管员应定期检查高危物品的状态。

（7）仓库主管应严格监督保管员的各项工作。

2. 低危物品——隔离管理法

隔离管理法即把存在危险性的物品与其他物品隔离开来，分别储存，如包装完好的化工原料、印刷油墨等。

（1）合理划分隔离区域。

（2）设置栅栏等隔离器具。

（3）对隔离区域进行标识。

（4）严格按规定保管隔离物品。

（5）加强对隔离物品存储状态的监督。

三、易损物品的保管

易损物品是指在搬运、存放、装卸过程中容易发生损坏的物品，如玻璃、陶瓷制品、精密仪表等。

（1）尽可能在原包装状态下实施搬运和装卸作业。

（2）不使用带有滚轮的储物架。

（3）利用平板车搬运时，应对码层做适当捆绑。

（4）一般情况下不允许使用吊车作业，严禁采取滑动方式搬运。

（5）严格限制易损物品摆放的高度。

（6）小心轻放，文明作业。

（7）不与其他物品混放。

（8）对易损物品设置明显的标识。

四、易生锈材料的保管

易生锈材料是指那些具有加工切口的金属物料，由于其切口处没有抗氧化的保护层，容易发生氧化生锈，如有冲口的机器外壳、有螺丝口的垫片等。

（1）设置专门的仓库进行储存。

（2）按防锈标准及防锈技术实施管理。

（3）严格控制易生锈材料的库存时间，遵循先进先出原则。

（4）一旦发生生锈迹象，要及时进行除锈处理。

（5）分析生锈的原因，积极采取应对措施。

（6）认真记录库存管理的有关数据，并进行分析、判断，制定有效的预防措施，必要时可制作控制图。

五、敏感材料的保管

敏感材料是指材料本身具有敏感的特性，若储存不当，有可能失效或引发事故，如磷可在空气中自燃，IC卡怕静电感应，胶卷怕曝光，色板怕日晒风化等。

（1）熟知该类物品的保管要求。

（2）了解该类物品的特性，实施专门管理。

（3）必要时，要设置专门的仓库进行保管。

（4）必须在原包装状态下搬运、保管和装卸。

（5）设置适宜的储存环境。

六、有效期较短的物料的保管

有效期较短的物料是指有效期限不满一年，或随着时间的延长，性能下降比较快的物料，如电池、黄胶水、PCB等。

（1）严格控制订货量，减少库存积压。

（2）严格控制库存时间。

（3）实行先进先出法进行管理。

七、可疑材料的保管

可疑材料是指那些性质、状态、规格、型号和名称等不明确，或缺乏证据的材料。如：

（1）生产过程中被弄乱使生产人员不能识别规格或质量的物料。

（2）物品的标识遭到破坏，相关人员不能确定其性质和状态。

（3）使用中发现可疑因素，致使人们对物品的标识或状态产生怀疑的物品。

（4）有争议且没有定论的物品。

可疑材料一律视为不合格品，具体可参见企业的不合格品管理方法，进行特采、挑选、报废等处理，并在标识上注明"可疑材料"字样。

八、长期储存的物品的处理

物品长期储存是不合理的，所以应该及早采取措施进行处理。

（1）指定专门区域进行存放。

（2）定期检查储存环境。

（3）定期确认物品的包装状态和完好程度。

（4）每月定期向上级通报物品的状况。

（5）如果物品要出库使用，应提前通知品质部进行检验。

（6）如果物品变质或不宜继续存放，应及时上报处理。

（7）物品的账目要清楚。

九、退货产品的处理

退货产品是指出库后由于某些原因又被退回的产品。主要包括：

1. 客户检验后退货

客户检验后退货是指客户整批退回的未经使用的产品。这类产品一般是客户或其他机构在检验中发现了某些问题。

（1）按"退货单"接收退货品，并清点数量，确认货品状态。

（2）将退货品放置在不合格品区，并做好标识。

（3）通知品质部进行检验。

（4）通知工程技术部分析检验结果，并制定处理措施。

（5）通知生产部按计划返工，结束后由品质部再检验。

（6）品质部检验合格后重新入库储存，等待再次出库。

2. 客户使用后退货

客户使用后退货是指已经使用过的非批量产品。

（1）按"退货单"接收退货品，应清点数量，确认货品状态。
（2）将退货品放置在不合格品区，并做好标识。
（3）通知品质部进行检验，并记录检验结果。
（4）通知工程技术部分析检验结果，并制定纠正和预防措施。
（5）通知生产部将退货品进行拆机处理。
（6）将拆出的零件交品质部检验。检验不合格的零件做报废处理。
（7）检验合格的零件重新办理入库手续。

二、仓储保管控制措施

对原材料、半成品、成品等应按照相应的标准进行在库管理。物品仓储保管的控制措施如图 5-1 所示。

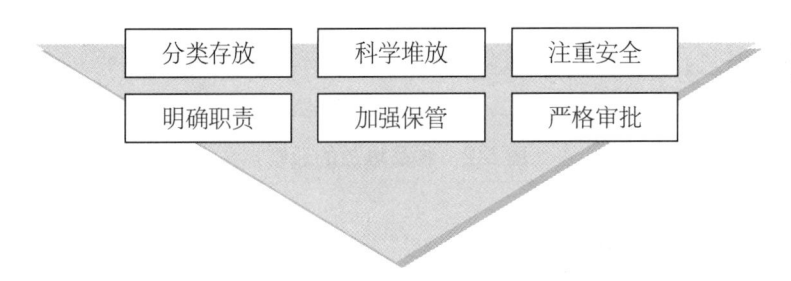

分类存放　科学堆放　注重安全
明确职责　加强保管　严格审批

图 5-1　物品仓储保管控制措施

三、做好物品标识

对物品设置标识的目的是便于识别与管理。

物品的标识可以用来区分物品的种类、状态、使用方法等。

设置标识的方式有颜色（例如，用不同的颜色来区分月份）、看板（如仓库规划看板、重要物品库存看板等）或形态（例如，三角形表示保质期为三个月）等。

标识的内容根据行业不同而有所不同，例如，食品行业强调出厂日期与保质期、化学品行业注重安全防护措施。

第二节　库存物品堆放

物品堆放是根据物品的包装、外形、性质、重量和数量，并结合季节、气候以及储存时间等情况，按一定的方式堆码成各种形状的货垛，目的是对物品进行有效管理，提高仓容利用率。

一、物品堆放的原则

物品堆放时，应遵循图 5-2 所示的原则。

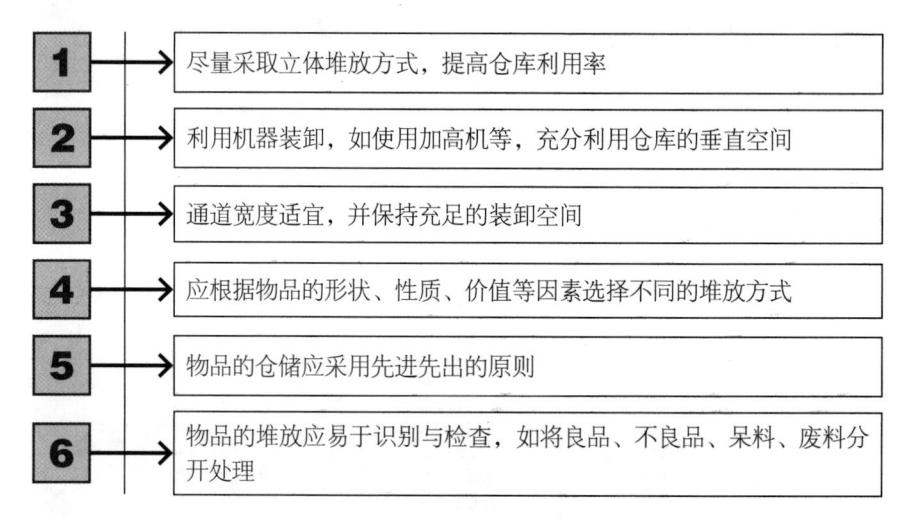

1	尽量采取立体堆放方式，提高仓库利用率
2	利用机器装卸，如使用加高机等，充分利用仓库的垂直空间
3	通道宽度适宜，并保持充足的装卸空间
4	应根据物品的形状、性质、价值等因素选择不同的堆放方式
5	物品的仓储应采用先进先出的原则
6	物品的堆放应易于识别与检查，如将良品、不良品、呆料、废料分开处理

图 5-2　物品堆放的原则

二、物品堆放的方法

1. 五五堆放法

五五堆放法是以五为单位，做到"五五成行，五五成方，五五成串，五五成堆，五五成层"，使物品堆放整齐，便于盘点和存取，如图 5-3 所示。

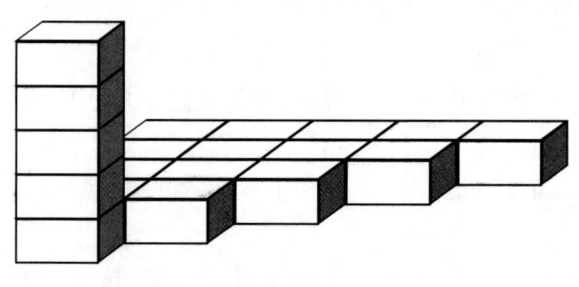

图 5-3　五五堆放法示意图

此方法适用于外形较大且规则的物品。

2. 六号定位法

六号定位法即按库号、仓位号、货架号、层号、订单号、物品编号等，对物品分类堆放，登记造册，并制作物品储位图，以便于仓管员快速查找物品的存储位置。

此方法适用于体积较小、可用规则容器盛装且品种较少的物品。

3.托盘管理法

托盘管理法即将物品码放在托盘上、卡板上或托箱中，以便于成盘、成板、成箱地堆放和运输，提高物品的搬运效率。

此方法适用于机械化作业的仓库。

4.分类管理法

分类管理法即将品种繁多的物品，按重要程度、进出仓率、价值大小、资金占用情况等进行分类，放置在不同的仓区，并采用不同的管理方式，做到重点管理，兼顾一般，如图5-4所示。

A区	B区
2301　2302　2303　2304　2305	3302　3305　3306　3307
C区	D区
5602　5603　5608　5609　5610	1602　1603　1604　1605　1606

图5-4　仓库分区图

三、物品堆放的注意事项

1.三层以上要骑缝堆放

骑缝堆放即上层箱体应骑在下层箱体之间的缝隙上摆放，使箱体相互联系、合为一体，这样可防止偏斜、倾倒，如图5-5所示。

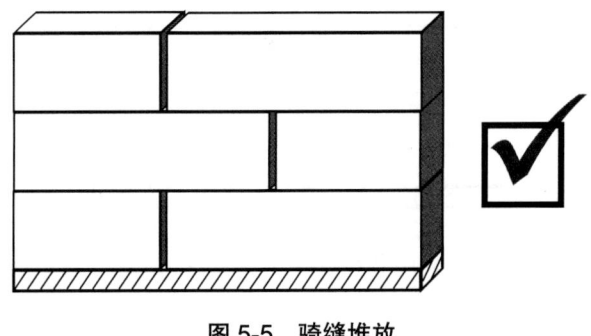

图5-5　骑缝堆放

2.堆放的物品不能超出卡板

堆放物品的尺寸要小于卡板，且受力均匀，这样可防止碰撞、损坏纸箱，如图5-6所示。

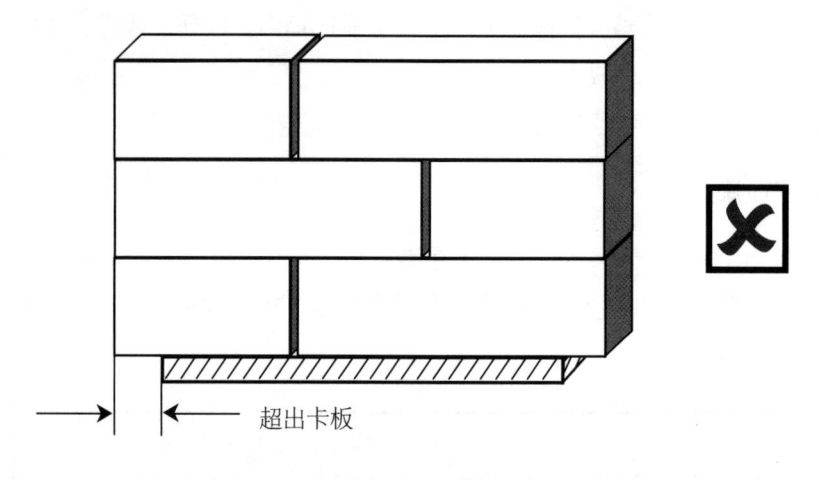

图 5-6　超出卡板尺寸

3.注意层数限制

如果纸箱上有层数限制标志，应按层数限制标志堆放物品，不要超限，以防压垮纸箱，损坏内部物品，如图5-7所示。

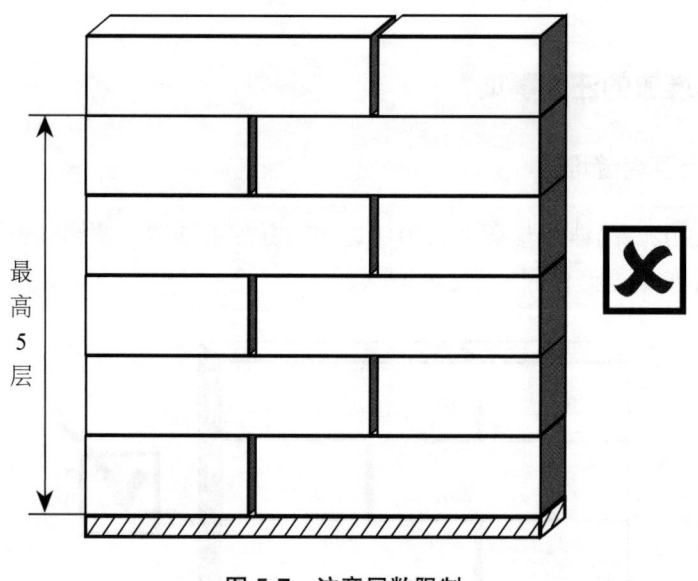

图 5-7　注意层数限制

4.不要倒放物料

如果纸箱上有箭头指示方向，应按箭头指向堆放物品，不要倒放或斜放，以防挤压箱内物品，如图5-8所示。

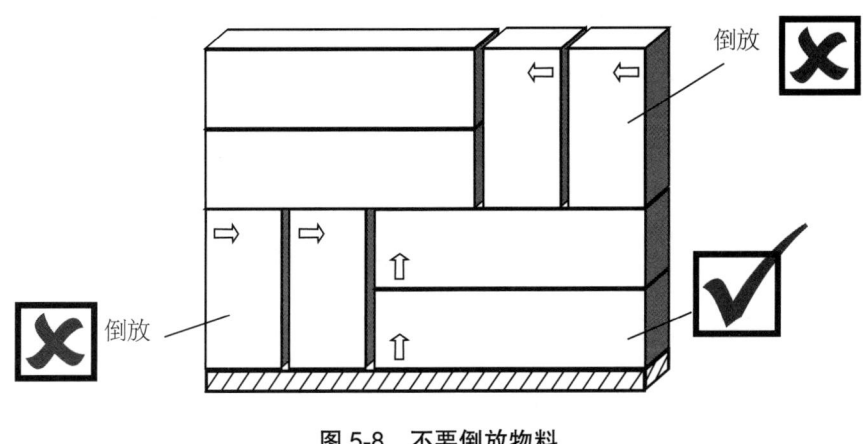

图5-8 不要倒放物料

5.变形纸箱不能堆放

如果纸箱外部有明显的折痕，则不能堆放，因为变形的纸箱不能承重。变形的纸箱应独立放置，以防止箱内物品受损，如图5-9所示。

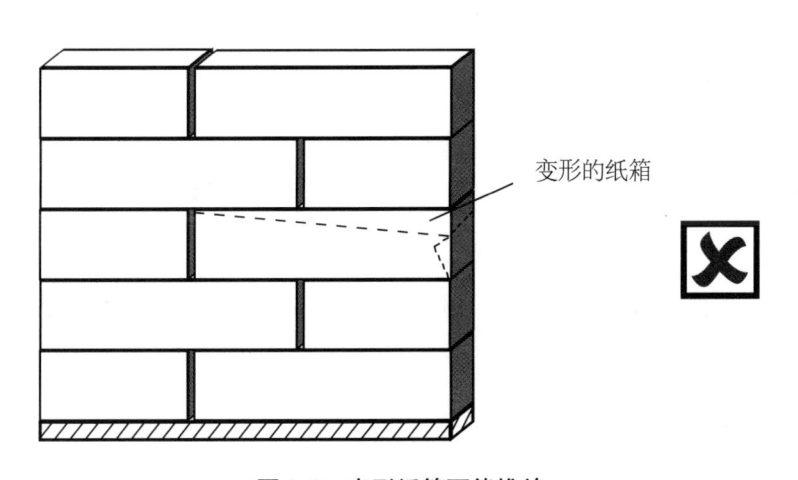

图5-9 变形纸箱不能堆放

6.纸箱间的缝隙不能过大

纸箱堆放时，纸箱间缝隙不能过大，以防止箱内物品受到挤压，如图5-10所示。

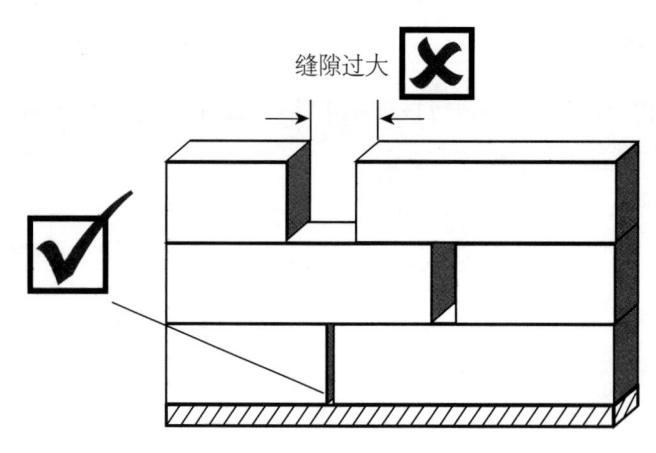

图 5-10　纸箱间的缝隙不能过大

四、特殊物品的堆放

特殊物品指的是易燃、易爆、剧毒，具有放射性、挥发性、腐蚀性的物品。

（1）特殊物品不能混放，如易燃、易爆物品不能同剧毒品放在一起。

（2）特殊物品最好不要堆放，如果一定要堆放，必须严格控制数量。

（3）一定要确保特殊物品的包装状态良好。

（4）特殊物品不能骑缝堆放。

（5）特殊物品堆放的垛间必须要有适当的距离。

（6）放置在货架上的特殊物品不能堆放。

（7）存放区域无不安全因素。

第三节　库存物品防护

仓库的储存条件是影响库存物品质量的主要因素，因此，仓库温湿度控制以及霉菌与虫害防治等是仓库管理的重要工作。

一、温湿度的控制

物品在储存期间，要保持适宜的温湿度，以确保物品的质量不受影响。

仓库内应有完善的温湿度调节设施。仓管员应定期对仓库环境进行检查，发现问题及时处理。

1.通风降温

仓库内外空气自然流动，可以实现调节库内温湿度的目的。

采用通风降温时，应符合图 5-11 所示的两个条件。

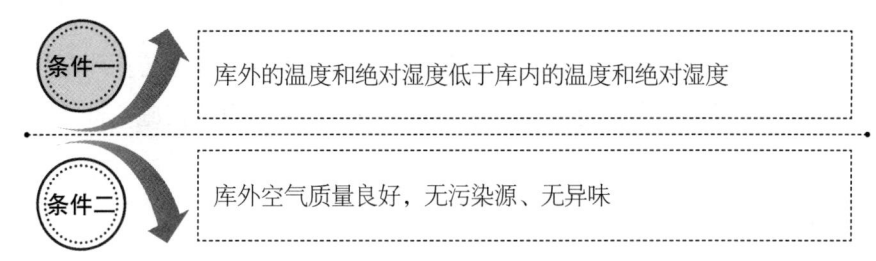

条件一　库外的温度和绝对湿度低于库内的温度和绝对湿度

条件二　库外空气质量良好，无污染源、无异味

图 5-11　通风降温的条件

2.密封

密封是保证仓库内温湿度适宜的一种技术措施，分为封库和封垛两种。一般情况下，物品出入不太频繁的仓库，可采取整库封闭的方式；而物品出入较为频繁的仓库，可以采取封垛的方式。封库或封垛时可采取以下措施。

（1）关闭库房所有的门、窗和通风孔，将缝隙用胶条、纸等涂上树脂进行封堵。

（2）用 5 厘米宽、2.5 厘米厚的泡沫塑料条，刷上树脂后粘贴于门框四周。在门的四边刻槽，将胶管刷胶水按入槽内，门关好后使胶管正好压在泡沫塑料条中间。

（3）在库房大门上开一个人行小门，以减少潮湿空气侵入库内。

（4）利用塑料薄膜将货垛或货架全部遮盖住，以隔绝或减少湿气和物品接触等。

3.吸潮

在梅雨季节或阴雨天，当库内湿度过高，不宜储存物品，而库外湿度也比较大，不宜进行通风散潮时，可以用吸潮的办法降低库内湿度。

（1）吸湿剂

吸湿剂是一种除湿的干燥剂，可吸收空气中的水汽，达到除湿的效果。常用的吸湿剂有生石灰、氯化钙、硅酸等。

（2）吸湿机

吸湿机是仓库普遍使用的防潮设备，可将库内潮湿的空气通过抽风机吸入吸湿机冷却器内，并使它凝结成水而排出。

> **小提示**
>
> 吸湿机一般用于储存棉布、针织品、药品、仪器、电子器材和糖类食品的仓库。

二、霉菌的防治

霉变是仓库物品质量变化的主要形式。霉变产生的条件为：物品受到霉菌微生物的污染；存在促进霉菌微生物生长的营养成分（如有机物）；周围环境适合霉菌微生物生长繁殖。

霉菌往往寄生于有机材料上，如木材、皮革、棉麻制品等。要想防止库存物品发生霉变，仓管员必须了解霉菌微生物的生长特点和繁殖条件，采取有效措施，抑制或杀灭霉菌微生物。

1. 常规防霉

常规防霉方法包括低温防霉法与干燥防霉法。低温防霉法是根据物品的不同性能，控制仓库温度，使物品的温度低于霉菌生长繁殖的最低温度，抑制霉菌生长。干燥防霉法就是降低仓库环境中的湿度，减少物品自身的含水量，使霉菌微生物得不到充足的水分，从而抑制其生长，达到防霉的目的。

2. 药剂防霉

药剂防霉是将对霉菌微生物具有杀灭或抑制作用的化学药品喷洒到物品上，达到防霉效果，如苯甲酸及其钠盐用于食品防腐，托布津用于果菜防腐，水杨酰苯胺及五氯酚钠用于纺织品、服装鞋帽防腐等。

防霉药剂能够直接干扰霉菌的生长繁殖。理想的防霉药剂，应当是灭菌效果好，对人体的毒害小。常用的防霉药剂有水杨酰苯胺、五氯酚钠、氯化钠、多菌灵、托布津等。

3. 气相防霉

气相防霉就是利用气相防霉剂散发出的气体，抑制或杀灭物品上的霉菌。这是一种较先进的防霉方法，把挥发物放在物品的包装内或密封垛内即可。

对于已经发生霉变但可以挽救的物品，仓管员应采取晾晒、加热、消毒、烘烤、熏蒸等办法进行处理。

三、虫害的防治

仓库的害虫不仅蛀食动植物物品和包装，而且还能破坏塑料、化纤等化工合成品。因此，虫害防治工作也是仓库的一项重要工作。

1. 从源头上杜绝仓库虫害

仓库一旦发生虫害，必然会造成损失。因此，在物品储存期间，仓管员应定期对易染虫害的物品进行检查，做好防护工作；做好仓库的卫生清洁，铲除库区周围的杂草，清除附近沟渠的污水，同时辅以药剂进行消毒，在库房四周一米范围内用药剂喷洒防虫线，有效防止虫害。

2.物理防治

物理防治就是利用物理方法（光、电、热、冷冻、原子能、超声波、远红外线、微波及高频振荡等）破坏害虫的生理机能与机体结构，抑制其繁殖或生长。常见的物理防治方法如表 5-1 所示。

表 5-1 虫害物理防治方法

序号	防治方法	具体说明
1	灯光诱集	根据害虫对光的趋向性，在库房内安装诱虫灯，晚上开灯时，使趋光而来的害虫随气流被吸入预先安置的毒瓶（瓶内盛有少许氰化钠或氰化钾）中，中毒而死
2	高温杀虫	将温度升至40℃以上，使害虫的活动受到抑制，繁殖率下降，进入热麻痹状态，直至死亡
3	低温杀虫	降低环境温度，使害虫的生理活动变得缓慢，进入冷麻痹状态，直至死亡
4	电离辐射杀虫	利用几种电离辐射源放射出来的X射线、γ射线或快中子射线等，杀死害虫或使其不育
5	微波杀虫	在高频电磁场的微波作用下，使害虫体内的水分、脂肪等物质分子激烈振荡，产生大量的热，体温升至68℃以上，直至死亡
6	其他	还可使用远红外线、高温干燥等方法进行杀虫

3.化学防治

化学防治就是利用化学药剂直接或间接毒杀害虫。常用的药剂如表 5-2 所示。

表 5-2 常用的药剂

序号	药剂类型	具体说明
1	杀虫剂	一些杀虫剂接触虫体后，能穿透表皮进入体内，使害虫中毒死亡，为触杀剂，如敌敌畏等；还有一些杀虫剂可配成诱饵，被害虫吞食后进入体内，中毒死亡，为胃毒剂，如亚砷霜、亚砷霜钠等
2	熏蒸剂	化学药剂产生的毒气通过害虫的气门、气管等进入体内，使害虫中毒死亡。常用的熏蒸剂有磷化铝、溴甲烷、氯化苦等
3	驱避剂	有些固体药剂（萘、樟脑精、对位二氯化苯等）会散发出刺激性气味与毒性气体，将其放在物品周围并保持一定的浓度，可使害虫不敢接近或被毒杀

在化学防治中，要选用有较高毒性的药剂，并在害虫抵抗力最弱的时候施药。仓管员在施药时，应严格遵守规定，注意人身安全以及物品、库房建筑以及设备设施的安全。同时采取综合防治与轮换用药等方法，以防害虫形成抗药性。

四、金属制品的防护

金属制品在储存期间经常发生锈蚀，不仅影响其性能，还会降低其经济价值，甚至造成物品报废。例如，精密量具锈蚀，可能会影响测量的精确度。

1. 选择适宜的保管场所

（1）保管金属制品的场所，应保持清洁干燥，不得与酸、碱、盐或气体、粉末类物品混存。

（2）不同种类的金属制品在同一地点存放时，应保持一定的间隔距离。

2. 保持库房干燥

相对湿度在60%以下，就可以防止金属制品表面凝结水分，从而生成电解液层而遭受电化学腐蚀。但相对湿度达到60%以下较难实现，一般情况下库房应将相对湿度控制在65%~70%。

3. 塑料封存防锈

塑料封存就是利用塑料对水蒸气及空气中腐蚀性物质的高隔离性能，防止金属制品在潮湿的环境下发生锈蚀。常见的塑料封存方法如表5-3所示。

表5-3 常见的塑料封存方法

序号	封存方法	具体说明
1	塑料薄膜封存	用塑料薄膜直接在干燥的环境中封装金属制品，或封入干燥剂，以保持金属制品长期干燥，不发生锈蚀
2	收缩薄膜封存	将薄膜纵向或横向拉伸几倍，成为收缩性薄膜，包装物品时使其紧紧粘在物品表面，既防锈又可减少包装体积
3	可剥性塑料封存	将塑料作为成膜物质，加入增塑剂、稳定剂、缓蚀剂及防霉剂，加热熔化或溶解，然后喷涂在金属表面，冷却或部分成分挥发后在金属表面可形成保护膜

4. 涂油防锈

涂油防锈是金属制品防锈的常用方法，是在金属表面涂刷一层油脂薄膜，使物品在一定程度上与空气隔离，达到防锈的目的。这种方法省时、省力、方便，且防锈性能较好。涂油防锈一般按垛、按包装或按件涂油密封。涂油前必须清除金属表面的灰尘与污垢，涂油后要及时包装封存。

防锈油是以油脂或树脂类物质为主体，加入油溶性缓蚀剂形成暂时性防锈涂料。防锈油中的油脂或树脂类物质为涂层和成膜物质，常见的有润滑油、凡士林、石蜡、沥青、桐油、松香及合成树脂等。油溶性缓蚀剂是一类既有极性基团，又有非极性基团的有机化合物（如硬脂酸、石油脂等），也是能溶于油脂的表面活性剂。常见的油溶性缓蚀剂有石油磺酸钡、二壬基萘磺酸钡、硬脂酸铝、羊毛脂及皂类等。将金属制品浸涂或热刷防锈油，可以在一定的时间内隔绝大气中的氧、水分以及有害气体，减少对金属制品的侵蚀。

5.气相防锈

气相防锈是利用挥发性缓蚀剂在金属制品周围能挥发出缓蚀气体，来阻隔腐蚀介质的作用，以达到防锈的目的。

气相缓蚀剂不需要涂在金属制品表面，可用在密封的包装或容器中。因为它是挥发性物质，在很短的时间内就能充满包装或容器，既不影响物品外观，又不影响物品使用，也不污染包装，是一种有效的防锈方法。

6.涂漆防锈

即在金属制品表面均匀地涂上一层油漆，是应用极其广泛的一种防锈方法。其优点是操作简单、适用范围广；缺点是易开裂、脱落，可从漆层空隙透过湿气，在漆层底下发生锈蚀。

7.防锈水防锈

防锈水防锈也是应用比较广泛的一种防锈方法，但因其防锈期限较短，所以多用于工序间防锈。

8.人工除锈

人工除锈即通过人工擦、刷、磨等操作，清除锈迹，具体如图5-12所示。

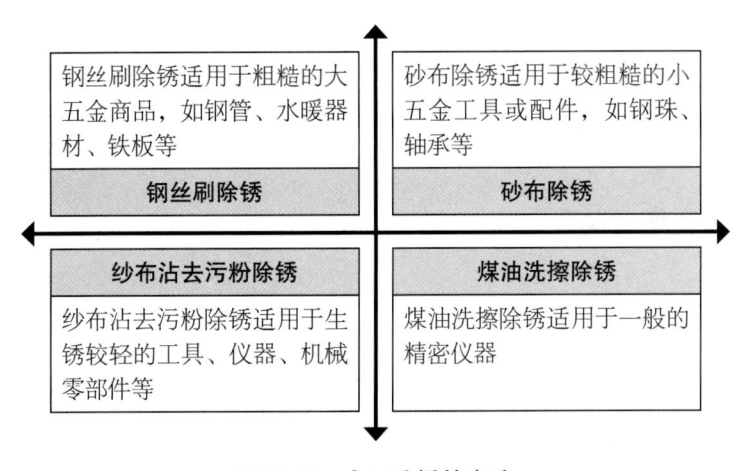

钢丝刷除锈	砂布除锈
钢丝刷除锈适用于粗糙的大五金商品，如钢管、水暖器材、铁板等	砂布除锈适用于较粗糙的小五金工具或配件，如钢珠、轴承等
纱布沾去污粉除锈	煤油洗擦除锈
纱布沾去污粉除锈适用于生锈较轻的工具、仪器、机械零部件等	煤油洗擦除锈适用于一般的精密仪器

图5-12 人工除锈的方法

9.机械除锈

机械除锈具有效率高、省人力、费用小等特点,适合小五金商品的除锈。

10.化学除锈

化学除锈具有操作简单、效率高、效果好等优点,适用于形状复杂的物品。化学除锈通常分为除油、除锈、中和、清洗和干燥等几道工序,如图 5-13 所示。

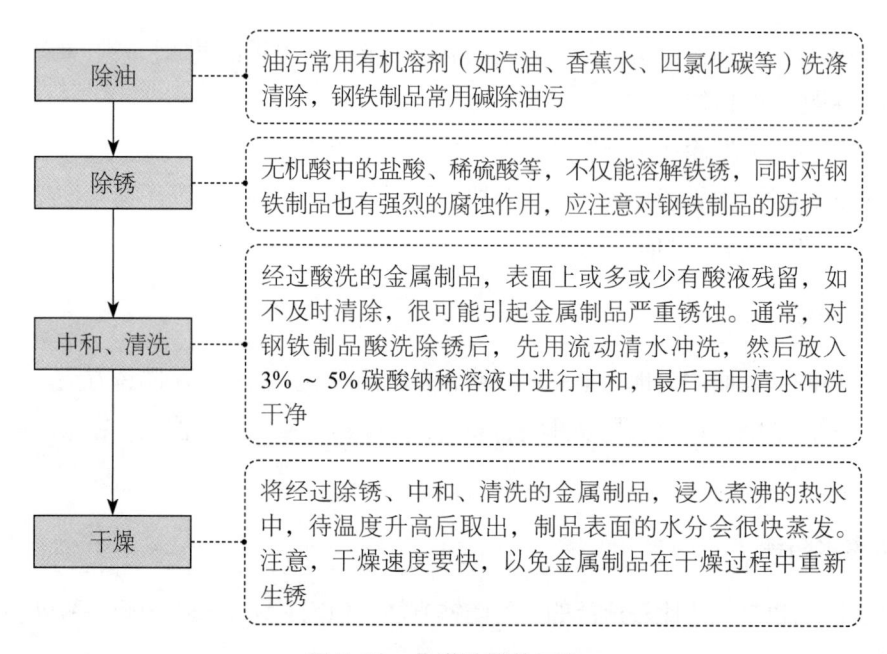

```
除油 —— 油污常用有机溶剂(如汽油、香蕉水、四氯化碳等)洗涤
         清除,钢铁制品常用碱除油污
 ↓
除锈 —— 无机酸中的盐酸、稀硫酸等,不仅能溶解铁锈,同时对钢
         铁制品也有强烈的腐蚀作用,应注意对钢铁制品的防护
 ↓
中和、清洗 —— 经过酸洗的金属制品,表面上或多或少有酸液残留,如
              不及时清除,很可能引起金属制品严重锈蚀。通常,对
              钢铁制品酸洗除锈后,先用流动清水冲洗,然后放入
              3%~5%碳酸钠稀溶液中进行中和,最后再用清水冲洗
              干净
 ↓
干燥 —— 将经过除锈、中和、清洗的金属制品,浸入煮沸的热水
         中,待温度升高后取出,制品表面的水分会很快蒸发。
         注意,干燥速度要快,以免金属制品在干燥过程中重新
         生锈
```

图 5-13　化学除锈的工序

第四节　库存物品质量监督

物品存放在仓库中,如果保管不善,可能会发生劣化。因此物品的质量与仓库管理有很重要的关系。

一、仓库日常质量监督

1.仓库日常质量监督的方式

仓库日常质量监督的方式为:
(1)巡视:定时巡回检查。
(2)目视检查:用眼睛观察确认。

2.仓库日常质量监督的频率

仓库日常质量监督的实施频率为:每班不少于一次,夜班也不能例外。仓管员应认真填写仓库巡查记录表(如表5-4所示),以免责任人遗忘和进行必要的追溯。

表5-4 仓库巡查记录表

检查项目	月 日 星期一	月 日 星期二	月 日 星期三	月 日 星期四	月 日 星期五	月 日 星期六	月 日 星期日
库房卫生							
作业通道							
用具摆放							
货物状态							
库房温度							
相对湿度							
照明设备							
消防设备							
消防通道							
防盗设备							
托盘状况							
检查人							

注:1.消防设备每月做一次全面检查。
2.每月将破损的托盘集中处理。

3.仓库日常质量监督的内容

仓库日常质量监督的内容如下。

(1)物品的摆放状态。

(2)仓库的环境状态,如温度和湿度等。

(3)仓库的设备状况。仓库的各项设备(如起重设备、叉车、货架、托盘等)是否完好。

(4)仓库的照明状况。照明是否满足仓库的作业要求,照明设施有无损坏等。

(5)仓库的防盗设施。门、窗有无破损,锁是否有效,是否存在安全隐患等。

(6)仓库的消防设施。消防设备是否齐全、有效,数量是否充足,放置是否合理等。

二、库存物品稽核

库存物品稽核主要分仓管员稽核与质检人员稽核两种。

1.仓管员稽核

仓管员稽核通常采用目视的方法，具体内容如图 5-14 所示。

- 物品是否受到挤压而变形
- 物品是否因长期保存而腐化
- 物品的包装是否脱落
- 物品是否受潮生锈
- 物品是否在有效保质期内
- 物品摆放是否合理，是否有倒塌的风险
- 物品中间是否混有不合格品（显性）

图 5-14　仓管员稽核的内容

2.质检人员稽核

质检人员对库存物品的稽核通常采用实验的方法，主要内容如图 5-15 所示。

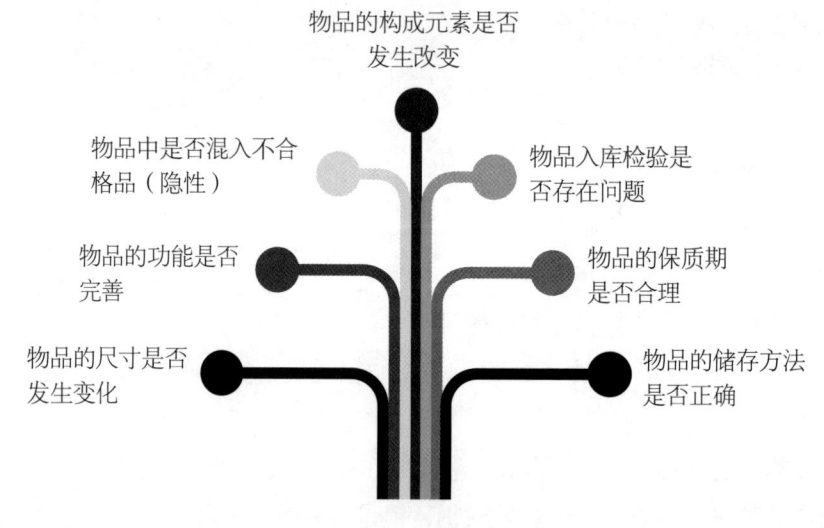

- 物品的构成元素是否发生改变
- 物品中是否混入不合格品（隐性）
- 物品入库检验是否存在问题
- 物品的功能是否完善
- 物品的保质期是否合理
- 物品的尺寸是否发生变化
- 物品的储存方法是否正确

图 5-15　质检人员稽核的内容

三、库存物品定期检验

对于存储超过一定时间的物品，应按规定的频次进行质量检验，以了解物品的质量状况，及时采取处理措施。

1.定期检验的周期

定期检验的周期根据物品的特性有不同的规定，例如：

（1）油脂、液体类物品，定检期为 6 个月。
（2）易变质、生锈的物品，定检期为 4 个月。
（3）危险性高的物品，定检期为 3 个月。
（4）有效期短的物品，定检期为 3 个月。
（5）长期储存的物品，定检期为 24 个月。
（6）其他普通物品，定检期为 12 个月。

2.定期检验的方法

一般情况下，库存物品定期检验的方法与进料检验的方法类似，步骤如图 5-16 所示。

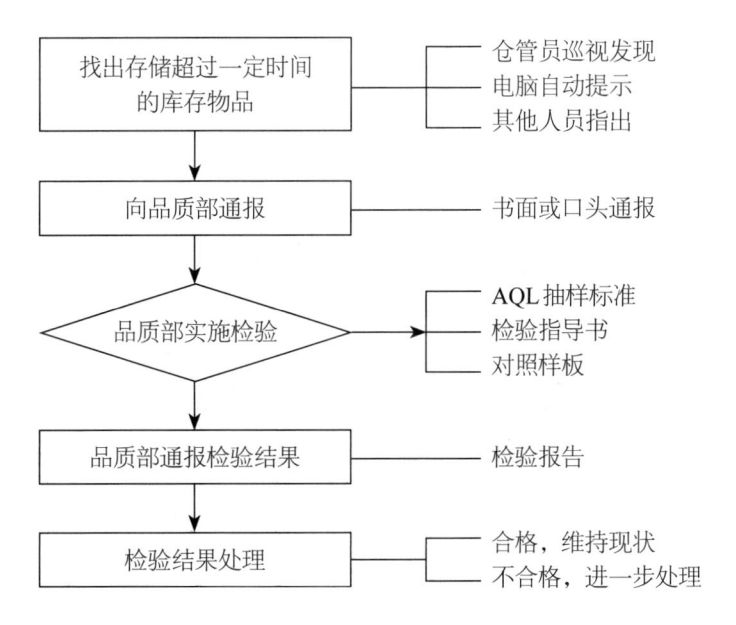

图 5-16 库存物品定期检验的步骤

3.定期检验结果的处理

库存物品定期检验不合格时，应按图 5-17 所示的步骤处理。

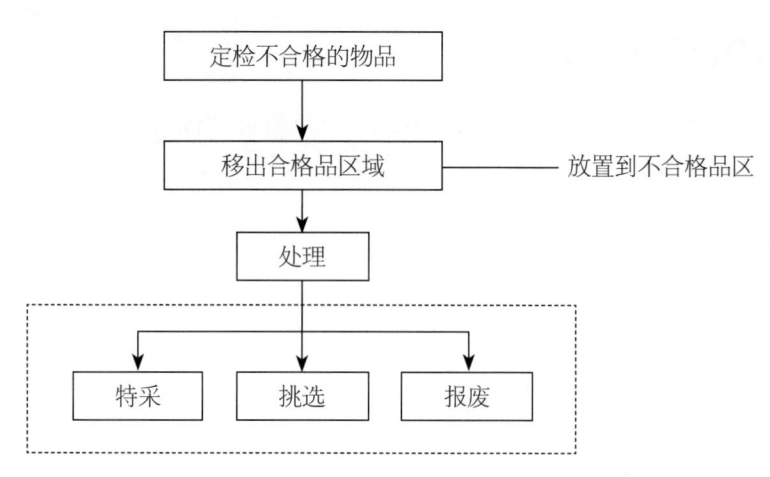

```
┌─────────────────┐
│  定检不合格的物品  │
└────────┬────────┘
         ↓
┌─────────────────┐
│   移出合格品区域   │────── 放置到不合格品区
└────────┬────────┘
         ↓
      ┌─────┐
      │ 处理 │
      └──┬──┘
   ┌─────┼─────┐
   ↓     ↓     ↓
 ┌───┐ ┌───┐ ┌───┐
 │特采│ │挑选│ │报废│
 └───┘ └───┘ └───┘
```

图 5-17 检验不合格物品的处理步骤

四、呆料、废料的处理

1.呆料、废料的分类

（1）呆料

呆料即存量过多、耗用量极少、库存周转率极低的物料。呆料为可用物料，没有丧失物料原来的特性和功能，只是呆置在仓库中很少动用。

仓管员通常根据最后异动日（物料最后一次进出日期）来判断呆料。当最后异动日至盘查日之间的间隔超过 180 天，仓管员就可以填写表 5-5 所示的半年无异动滞料明细表，向主管人员申请进行处理了。

表 5-5 半年无异动滞料明细表

物料名称	单位	规格	入库日期	最近半年无异动			发生原因		拟处理方式
				数量	单位	金额	原因	说明	

主管批准： 经办人：

（2）废料

废料是指报废的物料，其本身残破不堪、磨损过度或超过使用年限，已失去原有的功能，没有利用价值。

（3）旧料

旧料是指经过使用或过久储存，已失去原有性能或色泽，价值大幅降低的物料。

（4）残料

残料是指在加工过程中产生的剩余物料，虽已丧失主要功能，但可设法利用。

2. 呆料的预防

企业可以从呆料的产生原因入手，合理预防呆料产生。

（1）提高销售计划的稳定性

销售部门应制订稳定的销售计划，不得频繁变更，以免导致购进的物料变为呆滞物料。还应切实掌握客户订货能力，特别是特殊订货，以减少客户取消订单的风险。

（2）提升人员设计能力

应提升人员的设计能力，避免因设计错误或变更而产生呆滞物料。设计时还应考虑零件的标准化问题，减少因零件种类过多而导致的呆滞物料。

（3）优化生产计划与需求计划

应加强产销协调，提高生产计划的稳定性，妥善处理紧急订单，减少呆料产生。同时，制订合理的需求计划，确保生产与市场需求相匹配，避免库存积压。

（4）完善采购计划

采购部门在制订采购计划时，应充分考虑市场需求和日常消耗量，避免盲目采购。同时，建立健全库存管理系统，实时跟踪库存情况，避免过度采购导致呆滞物料。

（5）加强仓库管理

物品出库应严格遵守先进先出原则，防止物料过期、变质而变成呆滞物料。

3. 呆料的处理

（1）调拨给其他部门使用。本部门的呆料如果可被其他部门利用，应进行调拨。

（2）修改再利用。有时将呆料稍加修改，就能再利用。

（3）在新产品设计时，优先考虑消化库存呆料。

（4）打折出售给原来的供应商。

（5）与其他公司以物易物，交换处理。

（6）对于无法出售、交换、调拨或再利用的呆料，可考虑采用破坏、焚毁或掩埋等措施。

4. 废料的申报

对于储存的废料，仓管员应填写表5-6所示的物料报废申请表，向上级领导申请进行报废处理。

表 5-6　物料报废申请表

品名	规格	报废原因	IQC重检单号	拟处理方式	数量	单价	金额	变卖预计回收金额	备注
合计									
仓管员		仓库主管		仓库经理			财务经理		
公司总经理							填表日期		

5. 废料的预防

废料产生的原因如图 5-18 所示。

损坏	边角料	旧料
因保管不当，导致物料发霉、腐蚀、生锈等，从而失去使用价值	生产过程中产生的剩余物料，且已经丧失了主要功能	物料经过长期使用或储存，已失去原有的性能，且无法再利用

图 5-18　废料产生的原因

根据废料产生的原因，可以采取以下预防措施。

（1）提高物料的使用效率，尽量少产生边角料。

（2）建立先进先出的收发制度，以免物料堆积过久而成为陈腐废料。

（3）对机器设备定期进行保养与维护，以减少废料产生。

（4）做好仓库的清洁工作，有效预防虫害、霉腐、锈蚀等情况，减少物料的毁损。

6. 废料的处理

规模较小的企业，当废料积累到一定程度，可进行出售处理。规模较大的企业，可将废料集中起来做解体处理。

（1）废料解体后，其中有许多部件，如胶管、机械零件、电子零件等，可以重新利用。

（2）废料解体后，其中的钢条、钢片等，可作为残料再利用。

（3）废料解体后，应将剩余的废料分类，或重新回炉加工，或出售给废品回收机构。

（4）处理完毕后，填写废料处理清单（见表5-7），并归档保存，以备日后查阅。

表 5-7 废料处理清单

物料名称	规格型号	物料状况	报废原因	预计残值（元）	实际收入	备注

仓管员： 日期：

第六章

物品出库管理

第一节　物料发放控制

做好物料的出库管理工作，能够提高仓储运行效率，防止物料浪费和丢失。

一、物料发放原则

发料即物料移交，这一过程要防止发料失误，如划伤磕碰、液体溅出、危险品事故等。仓管员应遵循物料发放原则，以确保物料得到合理的控制。仓库发料原则如图 6-1 所示。

1.先进先出原则

先进先出原则的目的是防止物料存放时间过长而变质、损坏，确保物料的质量和利用率。

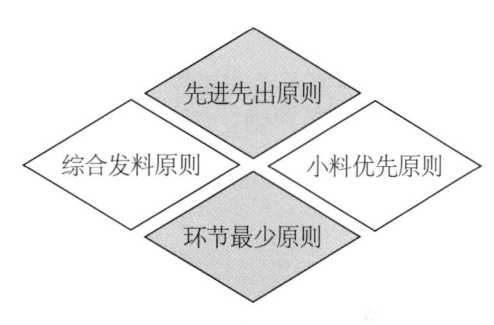

图 6-1　仓库发料原则

许多物料在常温下都有一定的保质期限，过了保质期则会变质，甚至失效，如金属物料存放时间太长会氧化，木材、人造板会潮湿。

遵循先进先出原则一般有表 6-1 所示的几种做法。

表 6-1　遵循先进先出原则的做法

序号	做法	具体说明
1	双区法	将同种物料分别存放于两个区（A 区和 B 区），先入库的物料放于 A 区，再入库的放于 B 区。发料时，先发 A 区物料，发完再发 B 区物料，依次反复循环，这样就确保了物料按入库顺序发放
2	移区法	移区法比双区法节省仓储空间，是将某种物料全部放到同一存储区内，摆放时按照入库的顺序由一端向另一端推移，物料入库的先后一目了然，发料时可以先发早入库的。这种做法的不足是，每次发料完毕都要进行物料移动，增加了工作量
3	编号法	编号法是将每一批入库的物料按自然数进行编号，不管物料摆放在哪里，每次都按最小的数字编号发料，这样就可以保证先进先出。采用这种方法时，物料应分层放置或平放，不能让后入库的物料压在先入库的物料上

先进先出原则是对同类、同规格物料而言的，不同规格的物料不适用这一原则。例如，尽管是同种、同等级的木材，但规格不同，先入库的是 50 毫米厚，而要发放的是 40

毫米厚，如果按这一原则把先入库的50毫米厚木板发放出去，会在加工中造成很大的浪费。

2. 小料优先原则

产品生产时裁下的边角余料（在皮具、家具、制衣行业很常见），有时可以用于其他产品的生产。

比如，生产大型衣柜时裁下来的边角余料，可以在小型木凳上使用。仓库发料时，应将小料优先发放出去，然后再发大料。小料不宜长期储存，一方面占用空间；另一方面造成物料变质。

3. 综合发料原则

综合发料有利于生产部门综合使用物料，提高物料的利用率。综合发料有图6-2所示的几种情况。

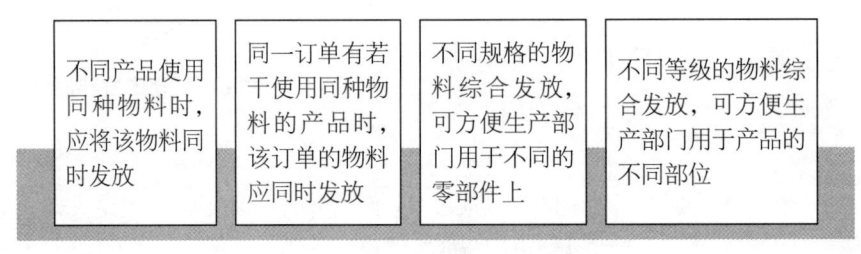

不同产品使用同种物料时，应将该物料同时发放	同一订单有若干使用同种物料的产品时，该订单的物料应同时发放	不同规格的物料综合发放，可方便生产部门用于不同的零部件上	不同等级的物料综合发放，可方便生产部门用于产品的不同部位

图6-2　综合发料的几种情况

4. 环节最少原则

物料发放的环节越多，就越容易造成物料损坏或缺失，因此，应将发放环节降到最少，如图6-3所示。

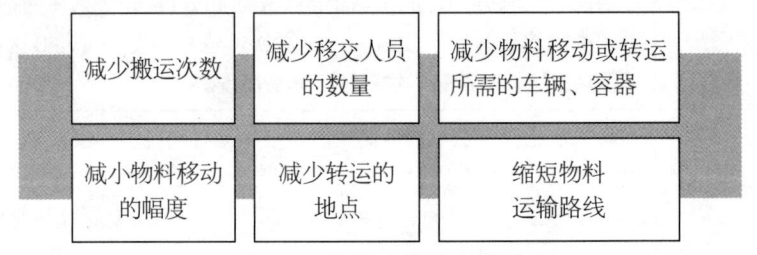

减少搬运次数	减少移交人员的数量	减少物料移动或转运所需的车辆、容器
减小物料移动的幅度	减少转运的地点	缩短物料运输路线

图6-3　发放环节最少原则

二、领料制与发料制

1. 领料制

领料是指由制造部门在某项产品生产之前填写"领料单"（如表6-2所示）从仓库领取物料的作业。

表 6-2 领料单

____年__月__日

序号	料号	品名	规格	现有数量	实领数量	备注
主管		发料人			领料人	

第一联：会计　　　第二联：仓库　　　第三联：生产部　　　第四联：领料部

物料控制必须从领料抓起。企业应根据自己的实际情况确定领料方式，注意事项如图 6-4 所示。

1. 确定各部门专门的领料员
2. 确定合适的领料时间。领料员应根据生产进度，提前 12 小时或 1～2 天，向仓库领取物料
3. 明确"领料单"的填写格式和方法
4. 明确物料领用的审批权限
5. 确定物料的日领用限额及批量限额
6. 对物料进行认真检查，凡破损的物料一律拒收
7. 认真清点物料数量，防止少领、错领
8. 领到车间的物料，要有专门的地方放置，并有专人进行保管。特别是贵重物品以及体积较小的物品，一旦保管不当就容易丢失

图 6-4 领料注意事项

2. 发料制

发料是指仓库将生产所需的物料，按规定数量分配给各部门。发料是仓库的日常工作之一，也是物料控制的重要环节。

（1）确定哪些情况可以发料，哪些情况应拒绝发料。拒绝发料的情况如图 6-5 所示。

情况 1　不是规定的领料人领料

情况 2　没有"生产计划单"

情况 3　生产还未进行，过早领料（囤料）

情况 4　"领料单"填写不规范

情况 5　"领料单"没有经主管领导审批

情况 6　超计划领料

图 6-5　拒绝发料的情况

（2）制定完善的发料制度。一是发料要账物分开，即管账的人不管物，管物的人不管账，以堵塞管理漏洞；二是不同的物料由不同的人负责。

> **小提示**
>
> 企业的物料有很多，每个仓管员熟悉所有物料是难以做到的，也是没有必要的。对仓管员进行合理分工，每个人负责几种或几类物料，有利于更好地管控物料。

（3）认真审查"发料单"。填写规范的"发料单"（如表 6-3 所示），不仅是发料的凭证，也是物料管控的依据。填写"发料单"时，应注明物料的品名、规格、需求数量、实发数量等内容，以便对物料进行统计。

表 6-3　发料单

产品名称：　　　　　生产车间：　　　　　日期：

物料编号	品名	规格	单位	单机用量	需求数量	标准损耗	实发数量	备注

续表

物料编号	品名	规格	单位	单机用量	需求数量	标准损耗	实发数量	备注

生产领料员：　　　　　　　　仓管员：　　　　　　　PMC：

仓管员应认真审查"发料单"，如果不符合要求或不符合程序，则不予发料。

（4）应认真清点数量，防止错发、多发。物料发放时最好两个人一组，以便于互相监督，防止出错。

（5）应在"物料管制卡"上进行记录。仓管员点装好物料后，应及时在"物料管制卡"上做好相应记录，并签上自己的名字。

（6）做好物料交接。仓管员将物料送到生产备料区后，应与领料员办理交接手续，确认无误后在"发料单"上签上各自的名字，并留存相应联单。

（7）认真填写仓库账簿。仓管员发料后应按实际发出数量及时登记仓库账簿。仓库账簿是物料存储控制的基本依据，不能有任何差错，仓管员应认真登记。

（8）做好表单的保存工作。仓管员应将当天有关的单据整理好并归档保存，或集中送交相关部门。

三、备料控制

1.库存仓储的目的

库存仓储的最主要目的是保证生产所需的物料。不论 MRP 系统如何规划，库存策略如何高明，只要供料不及时，生产现场便会出现停工待料，从而影响生产。

当然，有些停工待料的情况，并不是仓储管理人员工作不当所致。

比如，紧急插单，来不及购料；排程提前，供应商来不及送料。当然，也可能是采购（外协加工）人员的疏忽，导致物料未按时送到。

2.备料管理的目的

备料管理的目的如表 6-4 所示。

表 6-4　备料管理的目的

序号	目的	具体说明
1	复核生产排程所需物料，确保生产顺利进行	生产现场最怕乱，因此，必须事先制定生产排程。排程又分为大排程与细排程，前者是 MRP 计划展开的基准，后者则是投产的依据
2	指令发布的保证	企业通常利用"制造命令单"下达作业指令。"制造命令单"大多在投产前几日（或一日）才正式发布，一旦发布，就不能撤回，因为这是正式指令。如果"制造命令单"经常朝令夕改，则很容易造成生产现场混乱
3	事先备料的基础	生产前的准备工作应尽可能周全，以减少工时损失，提升整体生产力。投产的准备工作，涉及作业标准（包括蓝图）、模具、夹导具（日文称为治具），必要时还包括机台制程能力的复查，当然，也包括所需的物料
4	合理控制用料成本	根据用料定额去备料、发料，不应迁就生产现场的"方便"而变成"随便"。如果生产过程中因为某种原因而不得不补领料，则应另行制定补领料程序，以明确责任，区分原因

3.备料管理的程序

备料管理的程序如图 6-6 所示。

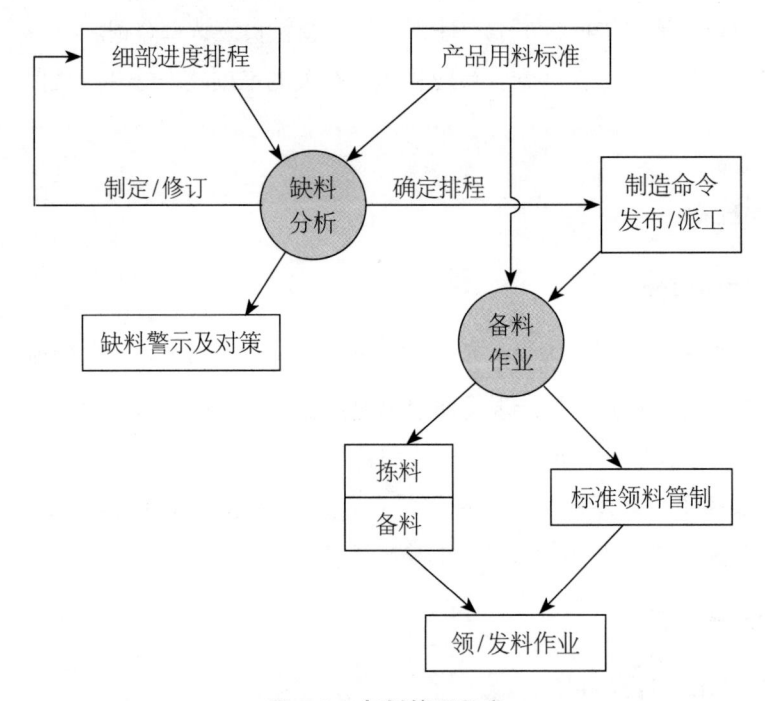

图 6-6　备料管理程序

（1）缺料分析

在企业里，生产部门会制订最近的细部生产计划，也就是"生产进度预定表"，针对一个生产组织或一条生产线（当然仅指一个大制程），确定下一周（当然也可能是次日）的作业指令，并要求各部门严格执行，确保主生产计划顺利实现。

生产部门一旦制定了这个细排程，就应该依照产品的用料标准（BOM）清单计算大制程所需的各物料总量，并复核仓库中的现有库存量。如果没有缺料，就确定"生产进度预定表"；如果有缺料情形，应立即发出警示信息，并采取应对措施。

（2）备料作业

一般情况下，生产部门确定了"生产进度预定表"之后，就应开具"制造命令单"，确定产品（或产品下属的零件）的生产批量以及投产时间。

生产部门还应同时依据用料标准开立备料指令单（如表6-5所示），要求仓储人员事先拣料，并放置在备料区内，待现场人员前来领用。

表6-5 备料指令单

编号：

制程部门：		大制程代号：		指令发布日期：		
生产批号：		指令号码：		投产日期：		
产品（零件）号：		单位：		排程量：		
物料类别	料号	品名	规格	单位	单位用量	应备数量	备注
核准				生产部		

（3）标准领料管制

标准领料即依据用料标准（BOM）去备料、发料，而不是任由生产部门随意领料。

领料作业一定要有"领料单"作为依据。为了实现标准化管理，并且达到成本控制的目的，一定要由生产部门根据"制造命令单"开具"领料单"（又称为"定额领料单"），以区别于因制程问题或其他问题而开具的"补领料单"。一旦开具了"定额领料单"，即改变了"制造命令单"的管制状态。

这个"定额领料单"，应交给生产现场主管，由他们持单向仓库领料。如果是采取发料制的工厂，则由仓库人员将表单与料品送到现场，交给现场人员签收。

4.备料作业

备料工作是仓管员的职责，无论是发料制企业还是领料制企业，仓管员都应事先备妥生产所需的物料,并迅速交给生产现场,以提升企业的生产力。

5. 备料时间

最适宜的备料时间如图 6-7 所示。

细排程确立时
缺料分析一旦完成,则视为排程确立,经现场主管签署,即可交付派工。"派工制造命令单"一旦发布,现场(技术)人员开始整理工具、夹具、模具等,而仓库人员则备妥物料

依派工板发布备料指令时
较具规模的工厂,派工作业更加系统化,使用派工板发布各项"准备作业指令"。仓库接到派工指令时,就应该开始准备物料

图 6-7 最适宜的备料时间

6. 备料作业要求

备料作业与生产现场的制程质量关系密切,因此,仓管员应具备品质意识,防止不良料流入生产现场。对于不良料或特准品,应贴上标签,提醒现场作业人员注意。

仓管员准备好物料后,应根据"制造命令单"合理地存放,确保发料迅速有序,而且不会混乱。

四、出库物料搬运控制

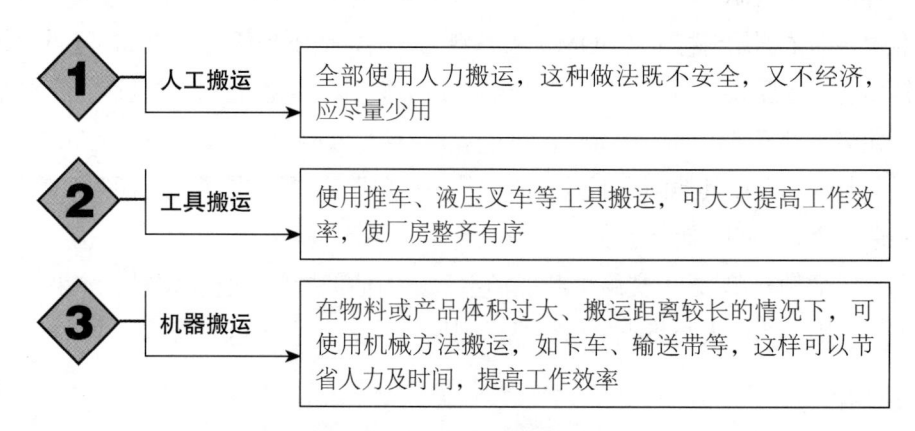

1. 出库物料的搬运方法

出库物料的搬运方法大致可分为图 6-8 所示的三种。

1 人工搬运:全部使用人力搬运,这种做法既不安全,又不经济,应尽量少用

2 工具搬运:使用推车、液压叉车等工具搬运,可大大提高工作效率,使厂房整齐有序

3 机器搬运:在物料或产品体积过大、搬运距离较长的情况下,可使用机械方法搬运,如卡车、输送带等,这样可以节省人力及时间,提高工作效率

图 6-8 出库物料的搬运方法

2.搬运时的注意事项

出库物料搬运时应注意图 6-9 所示的事项。

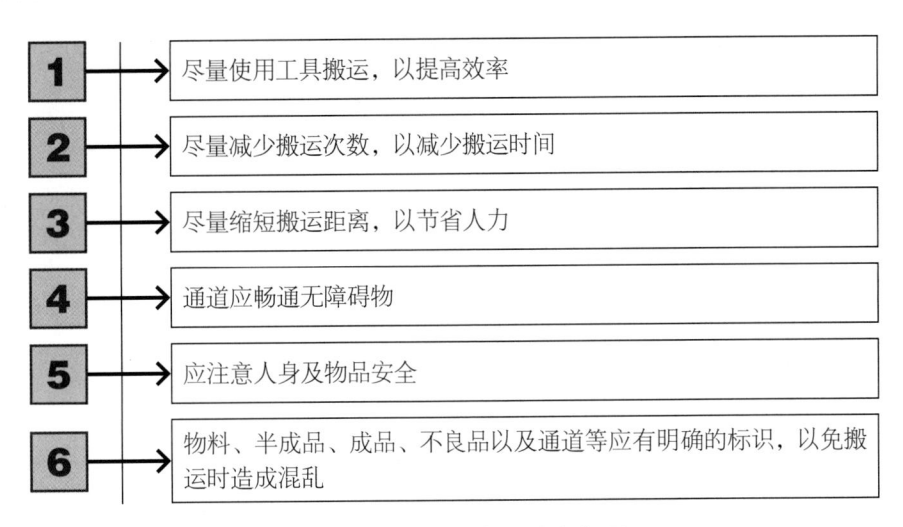

1	尽量使用工具搬运，以提高效率
2	尽量减少搬运次数，以减少搬运时间
3	尽量缩短搬运距离，以节省人力
4	通道应畅通无障碍物
5	应注意人身及物品安全
6	物料、半成品、成品、不良品以及通道等应有明确的标识，以免搬运时造成混乱

图 6-9　出库物料搬运注意事项

3.出库物料的搬运要求

搬运出库物料时，应采取措施防止物料损坏。企业应编制搬运作业指导书，明确出库物料的搬运要求，如图 6-10 所示。

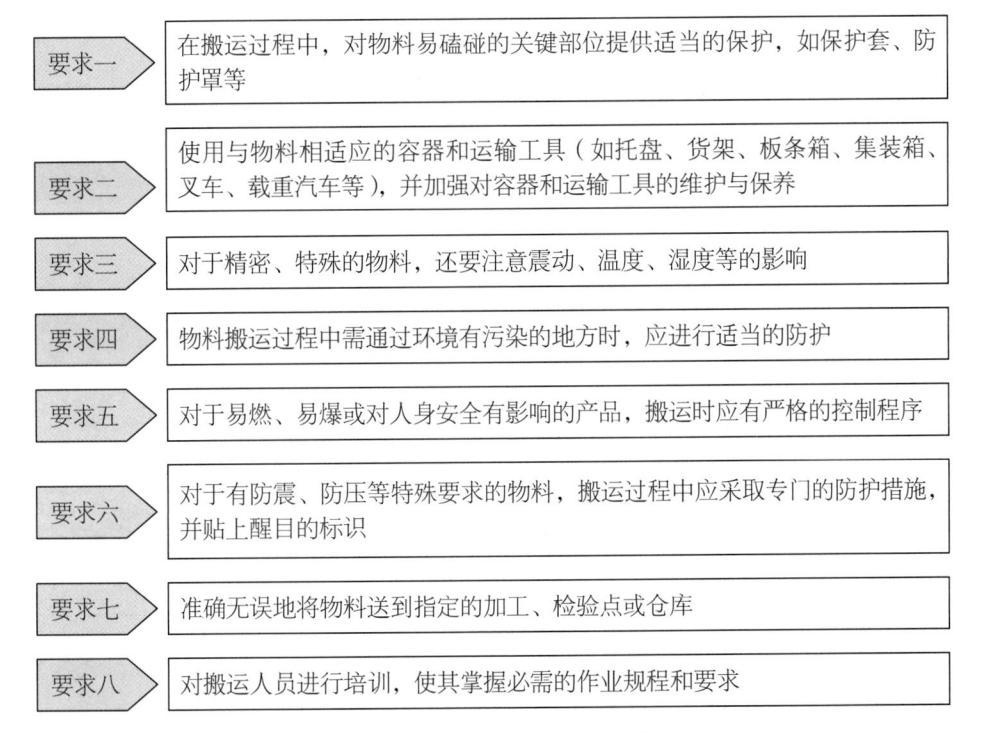

要求一	在搬运过程中，对物料易磕碰的关键部位提供适当的保护，如保护套、防护罩等
要求二	使用与物料相适应的容器和运输工具（如托盘、货架、板条箱、集装箱、叉车、载重汽车等），并加强对容器和运输工具的维护与保养
要求三	对于精密、特殊的物料，还要注意震动、温度、湿度等的影响
要求四	物料搬运过程中需通过环境有污染的地方时，应进行适当的防护
要求五	对于易燃、易爆或对人身安全有影响的产品，搬运时应有严格的控制程序
要求六	对于有防震、防压等特殊要求的物料，搬运过程中应采取专门的防护措施，并贴上醒目的标识
要求七	准确无误地将物料送到指定的加工、检验点或仓库
要求八	对搬运人员进行培训，使其掌握必需的作业规程和要求

图 6-10　出库物料的搬运要求

113

五、外协加工物料发放控制

外协加工的特点是企业需供料给外协加工厂，这就涉及用料管理问题；企业将原料交给外协加工厂，经过加工后，变成半成品（也可能变成直接投入生产现场的在制品）形态，这又涉及双方的权利与义务关系，比单纯的采购作业要复杂得多。

1.定额发料管制

外协加工的发料作业，与内部生产部门的领发料基本上是一样的，主要是由生产部门提出，根据"制造命令单"上的生产批量、产品与制程，编制产品用料清单，计算出标准用料量，并开具"外协加工定额领料单"（如表6-6所示）。

表6-6 外协加工定额领料单

编号：

厂商代号：					厂商全名：					
发料日期：					外协加工订单号：					
生产批号：					（半成品／零件）料号：					
外协加工批量：										
序号	料别	料号	品名	规格	单位	标准用量	应用总量	实领料量	备注
说明：										
厂商签收		核准		仓库	主管		生产部门	主管	
					发料			填表	

如果有超耗领用的情况，应该由外协加工厂商通过生产部门以人工作业方式开具"外协加工补料单"，然后向仓库申请物料。

2.外协加工发料的时间

生产部门最好在开具正式的"外协加工定制单"时，就计算出物料需求量，并开具"外协加工定额领料单"，与备好的物料（实物）一并交予外协加工厂商。最理想的状况是，外协加工厂商到企业仓库时，双方可以马上清点所备物料。

六、物料发放常见问题处理

在发放物料的过程中，经常会发生表 6-7 所示的问题，仓管员应分别应对。

表 6-7　物料发放过程中常见问题处理

序号	常见问题	应对方法
1	无单领料	无单领料是指没有正式的领料凭证而要求领料，如用"白条"或电话领料，遇到这种情况，仓管员不能发料
2	凭证有误	发料前验单时若发现领料凭证有问题，如抬头、印鉴不符，有涂改痕迹，超过领料有效期，应立即与领料部门联系，并向上级主管反映。备料后复核时发现凭证有问题，应立即停止发料。总之，手续不符，仓管员有权拒绝发料
3	单料不符	发料前验单时若发现领料凭证所列物品与仓储物品不符，应将凭证退回开单部门，更正后再行发料。遇到特殊情况，如某种物品马上断料，使用部门要求先行发货，然后再更改领料凭证时，经上级主管批准后，可以发料，但事后应及时补办更正手续。若备料后复核时发现所备物品与领料凭证所列不符，应立即调换
4	包装损坏	物料外包装有破损、脱钉、松绳等情况时，应整修加固，以确保搬运安全。发现包装内的物品有霉烂、变质等质量问题时，不得以次充好
5	物料一次未发完	原则上物料应当天一次发完，如确有困难，不能当日发放完毕，应办理分批手续
6	物料错发	如果发现物料错发，首先应尽快通知领料部门，同时报告上级主管，然后了解物料所在的位置，能追回的应及时追回；无法追回的，应在领用部门的帮助下采取措施，尽量挽回损失，并查明原因，防止日后再出现类似情况

物品发放完毕后，仓管员应根据领料单调整仓库账目，使账、物、卡达到一致，并编制"物料收发日报表"（如表 6-8 所示），以便于日后的统计。

表 6-8 物料收发日报表

仓库名称：　　　　　　　　　　　　　　统计日期：

品名	前日进货累计	本日进货	进货累计	前日出货累计	本日出货	出货累计	库存	退货 本日	退货 累计	备注

审核：　　　　　　　　　　　　　　　　填表：

第二节　成品出库控制

成品出库也是仓库管理的重要环节，仓管员应严格按照出库工作流程办理，以确保客户按时按质收到货物。

一、成品出库的要求

到达客户的产品必须是经过 OQC（Outgoing Quality Control，意为出货品质稽核、出货品质检验或出货品质管制）检验的良品，成品出库应满足图 6-11 所示的要求。

成品出库的要求
① 确认出库单填写完整、内容正确
② 确认出库实物与出库单内容一致
③ 确认出库物品的包装状态完好
④ 确认出库物品的运输方式符合要求
⑤ 按出库单据登记账簿

图 6-11　成品出库的要求

二、出库前的准备工作

出库前的准备工作如表 6-9 所示。

表 6-9 出库前的准备工作

序号	准备事项	具体说明
1	整理包装	有些物品经多次装卸、堆码、翻仓和拆检后，包装可能受损，仓管员应视具体情况进行整理、加固或更换包装
2	组配、分装	根据客户需求，有些物品需要拆零后出库，有些物品则需要进行拼装，仓管员应做好分类、整理、拆分和装配等准备工作
3	准备用具	对于需要拆装、拼箱或改装的物品，仓管员应根据物品性质和运输要求，准备包装材料、相应的衬垫，以及刷写包装标志的用品、钉箱和打包工具等
4	调配设备	物品出库时，应留出充足的理货场地，并准备装卸与搬运设备，以便于运输人员提货装箱及装载货物
5	合理安排人员	发货是一项人员多、时间紧、工作量大的工作，合理安排人员是按时完成发货的保证

三、成品出库的流程

1.接单后的准备

在通常情况下，仓库调度员接到外运公司或其他单位送来的提货单后，应编制出库任务单、配车吨位单、机械设备单以及提货单等，分别送交仓管员、收发员或理货员等，以便做好出库准备工作。仓管员从调度员手中接到出库通知后，应做好图 6-12 所示的工作。

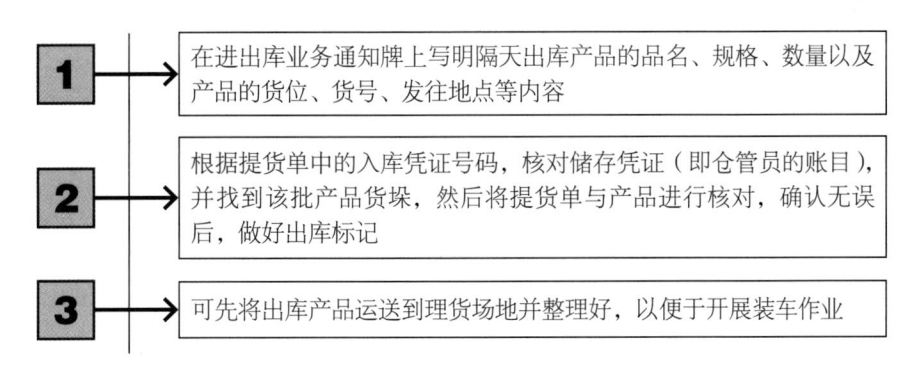

1 → 在进出库业务通知牌上写明隔天出库产品的品名、规格、数量以及产品的货位、货号、发往地点等内容

2 → 根据提货单中的入库凭证号码，核对储存凭证（即仓管员的账目），并找到该批产品货垛，然后将提货单与产品进行核对，确认无误后，做好出库标记

3 → 可先将出库产品运送到理货场地并整理好，以便于开展装车作业

图 6-12 接单后的准备工作

2.审核出库凭证

仓管员应认真审核成品的出库凭证，主要包括图 6-13 所示的内容。

1. 出库凭证填写的内容是否齐全，有无印鉴

2. 所列提货单位名称、产品名称、规格、重量、数量、唛头、合约符号等是否正确

3. 字迹是否清晰，有无涂改痕迹

4. 单据是否超过了规定的提货有效期

图 6-13　出库凭证的审核内容

3.配货

仓管员应根据出库凭证所列的内容进行配货，并注意图 6-14 所示的事项。

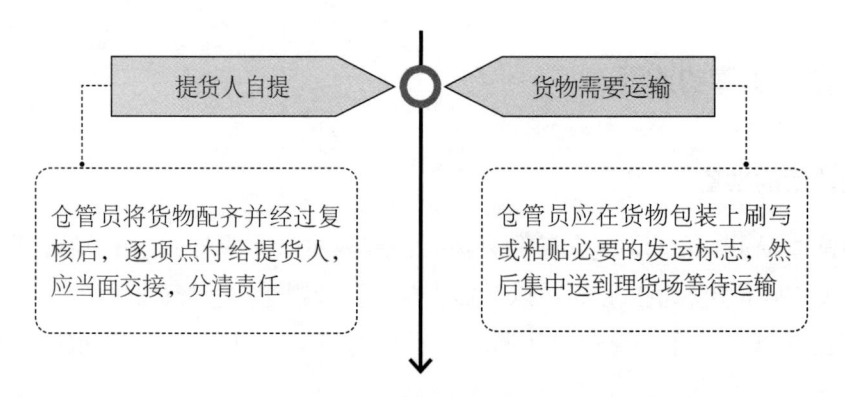

提货人自提　　　　货物需要运输

仓管员将货物配齐并经过复核后，逐项点付给提货人，应当面交接，分清责任

仓管员应在货物包装上刷写或粘贴必要的发运标志，然后集中送到理货场等待运输

图 6-14　配货的注意事项

4.理货

仓管员在理货时应注意图 6-15 所示的内容。

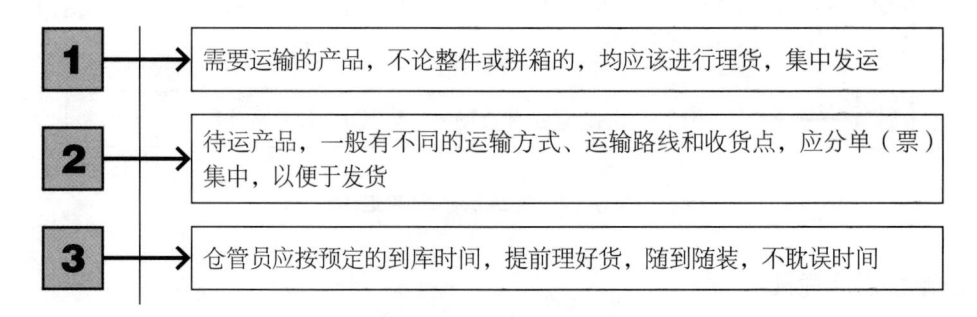

1. 需要运输的产品，不论整件或拼箱的，均应该进行理货，集中发运

2. 待运产品，一般有不同的运输方式、运输路线和收货点，应分单（票）集中，以便于发货

3. 仓管员应按预定的到库时间，提前理好货，随到随装，不耽误时间

图 6-15　理货的注意事项

5. 发货

运输人员持提货单到仓库时，仓管员或收发理货员应对单据进行核对，确认无误后再清点货物交给运输人员，并由运输人员签字确认。仓管员发货时应注意图 6-16 所示的事项。

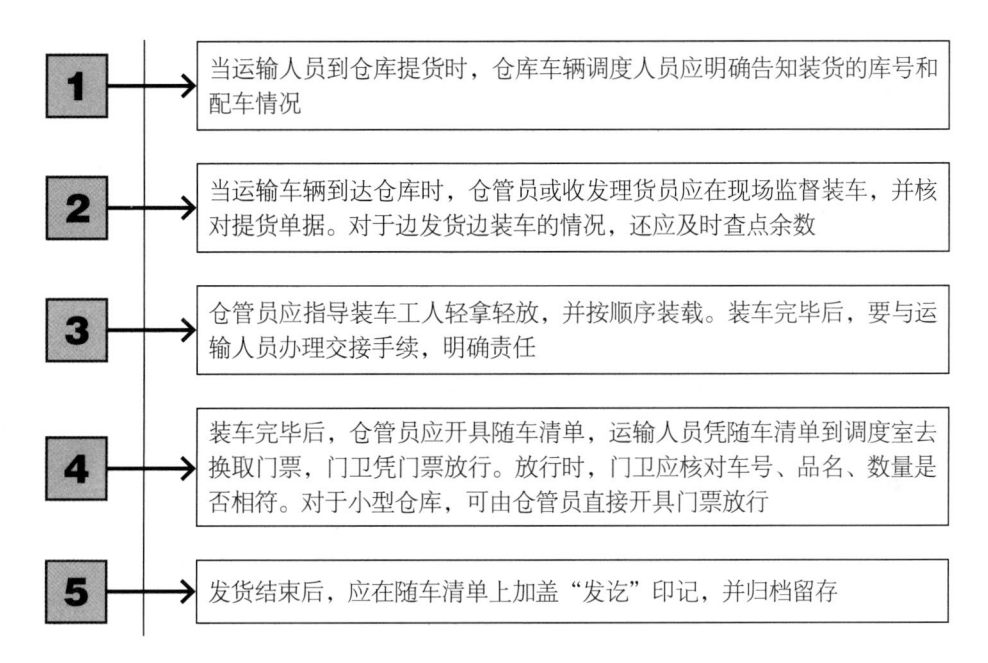

1 当运输人员到仓库提货时，仓库车辆调度人员应明确告知装货的库号和配车情况

2 当运输车辆到达仓库时，仓管员或收发理货员应在现场监督装车，并核对提货单据。对于边发货边装车的情况，还应及时查点余数

3 仓管员应指导装车工人轻拿轻放，并按顺序装载。装车完毕后，要与运输人员办理交接手续，明确责任

4 装车完毕后，仓管员应开具随车清单，运输人员凭随车清单到调度室去换取门票，门卫凭门票放行。放行时，门卫应核对车号、品名、数量是否相符。对于小型仓库，可由仓管员直接开具门票放行

5 发货结束后，应在随车清单上加盖"发讫"印记，并归档留存

图 6-16 发货的注意事项

6. 复核

仓管员发货后，应及时核对产品库存数，并检查产品数量、规格等是否与账面结存数相符。同时核对产品的货位量、货卡，如有问题，及时改正。

7. 销账销卡

产品出库工作结束后，仓管员应销账销卡，清点余数。

四、出货记录与报告

1. 出货记录

出货记录是出货责任人完成出货工作的证据。

（1）确认运单。仓管员首先要确认运单，内容如图 6-17 所示。

运输公司的名称、运号、车号

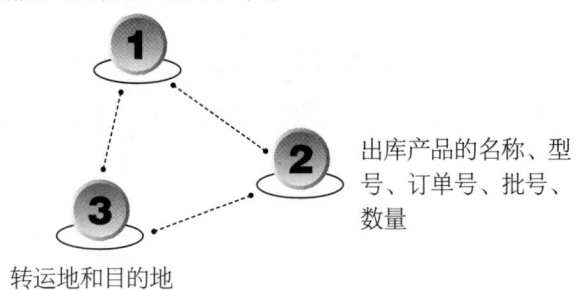

出库产品的名称、型号、订单号、批号、数量

转运地和目的地

图 6-17　确认运单内容

（2）确认装箱数量和包装状态，如图 6-18 所示。

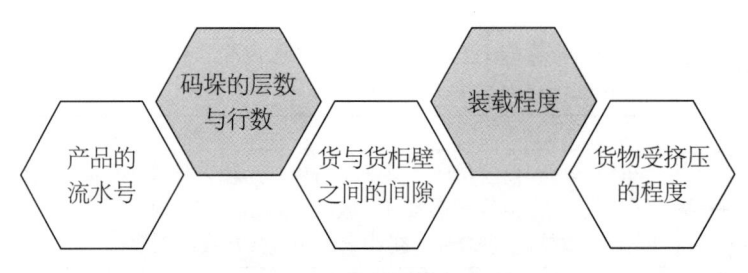

产品的流水号　　码垛的层数与行数　　货与货柜壁之间的间隙　　装载程度　　货物受挤压的程度

图 6-18　确认装箱数量和包装状态

（3）装箱后确认锁闭状态，如图 6-19 所示。

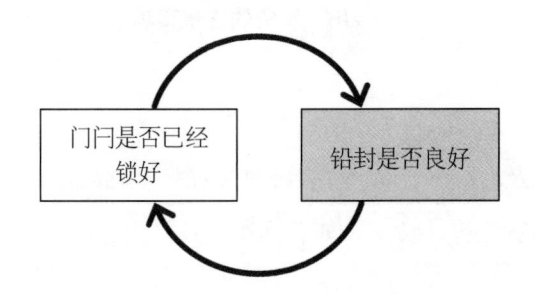

门闩是否已经锁好　　铅封是否良好

图 6-19　装箱后确认锁闭状态

（4）其他需要确认的内容，如图 6-20 所示。

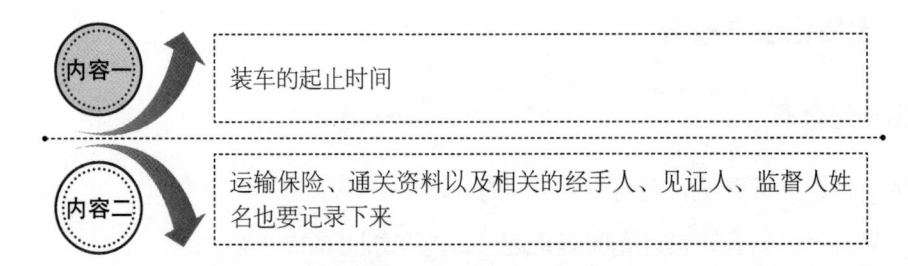

内容一：装车的起止时间

内容二：运输保险、通关资料以及相关的经手人、见证人、监督人姓名也要记录下来

图 6-20　其他需要确认的内容

（5）签字确认。运输负责人应在记录表上签字确认，如表6-10所示。

表6-10 出货记录表

日期：

车牌号：		转运国家/地区：	
货柜号/材积：		转运城市/港口：	
运输公司：		目的国家/地区：	
运单号：	司机姓名：	目的地城市：	

序号	品名	型号	数量	单位	订单号	包装状态	箱数	备注

出货时间：	运输开始时间：	运输结束时间：

特别事项说明：

经手人： 批准人： 司机：

2.出货报告

（1）出货报告的内容

出货报告应清楚地反映本次出货的详细情况，如出货产品类别、名称、规格、型号，出货产品的批号和数量，完成出货的日期，出货地点，承接运输的单位和运输方式，产品到达的目的地等。

（2）出货报告的格式

出货报告一般由企业根据实际情况自行确定格式，但有些OEM（Original Equipment Manufacture，原始设备制造商，俗称"贴牌"或"代工"）会要求使用他们的格式，从满足客户要求的角度出发，企业也可以这样做。出货报告如表6-11所示。

表6-11 出货报告

日期： 编号：

序号	品名	型号	批号	订单号	出货数量	箱数	箱号	目的地	集装箱号	承运公司	备注

特别事项说明：

出货地点		完成时间	
生产主管确认		OQC确认	

分发签收：□市场部 □财务部 □生产管理办公室 □其他部门

（3）出货报告的保存

出货报告是一项重要的记录，仓管员应归档保存，以便于责任追溯、数据统计及调阅查看。

出货报告的保存期限一般是使用当年加一个日历年。这是最小的保存期限，企业可以根据实际情况自行确定。

比如，2025年3月的出货报告至少要保存到2026年12月31日。2025年是使用的当年，2026年1～12月是一个日历年。

小提示

成品出货后，实物、保管卡、账目和档案等都发生了变化，因此，仓管员还应对仓库账目进行整理。

五、出货异常情况处理

1.出库过程中异常情况处理

（1）出库凭证（提货单）异常

① 如果出库凭证超过提货期限，客户按规定办理手续并缴纳逾期仓储保管费后，仓

管员方可发货。任何非正式单据都不能作为发货凭证。提货时，客户发现规格填错，仓管员不得自行调换发货。

② 如果发现出库凭证有假冒、复制和涂改等情况，仓管员应及时与凭证开具单位或部门联系，妥善处理。

③ 货物进库未验收或者未进库，仓管员一般暂缓发货，并及时通知客户提货期顺延。

④ 如果发现出库凭证开错或印鉴不符，仓管员应通知客户重新开票。

⑤ 客户如果将出库凭证遗失，应及时与仓管员和账务人员联系挂失。如果挂失时货物已被提走，仓管员不承担责任，但要协助客户找回货物；如果货物还没被提走，仓管员和账务人员查实后，将原凭证作废，缓期发货。仓管员必须时刻警惕，如果有人持作废凭证要求发货，应立即与保卫部门联系。

（2）提货数与实存数不符

提货数量与货物实存数不符的原因主要有以下几种。

① 入库时仓管员记错账。可以采用"报出报入"方法进行调整。

② 仓管员串发、错发。应由仓库负责解决库存数与提货数的差异问题。

③ 客户多开提货数。应由客户开具新的提货单，重新发货。

④ 仓储过程中存在损耗。应考虑该损耗是否在合理的范围内。合理范围内的损耗，应由客户承担；而合理范围之外的损耗，则由仓储部门负责赔偿。

（3）串发货和错发货

串发货和错发货是指仓管员由于对物品种类、规格不熟悉，或者工作存在疏忽，把错误规格、数量的物品发出库的情况。

如果物品尚未离库，仓管员应重新发货。如果物品已经离开仓库，仓管员应及时向主管部门和客户通报，与客户和运输单位共同解决。

2. 出库后异常情况处理

（1）物品出库后，若客户反映规格、数量不符，如属仓管员差错，应尽快予以纠正并向客户致歉。

（2）如果客户将物品型号、规格开错，制票员同意退货的，仓管员应按入库程序重新验收入库。包装或产品损坏的，仓管员则不予办理退货，待修好后，再重新入库。

（3）如果因产品存在质量问题，客户要求退货或换货，应由质检部门出具检查证明、试验记录，经主管部门同意后，方可退货或换货。

（4）退货或换货产品必须达到入库标准，否则不能入库。

（5）物品出库后，仓管员如果发现账实（结存数）不符，应及时查找原因，并追回损失。

第七章

库存控制管理

第一节　零库存与适当库存

零库存是一种特殊的库存，并不是指没有库存。零库存是仓库管理的重要控制策略，可使库存达到最少。

一、零库存的含义

零库存是由日本丰田汽车公司首先提出的，它的基本思想是通过严格管理，杜绝生产待工、多余劳动、不必要搬运、不合理加工、不良品返修等浪费，从而达到零故障、零缺陷、零库存。

零库存的核心思想可概括为"在需要的时候，按需要的量生产需要的产品"，即通过计划、控制及库存管理，追求一种无库存或库存最少的生产状态。

二、零库存的目的

零库存的目的是减少资金占用，提高物流经济效益。如果只注重仓库存储物品的数量变化，而忽视其他要素的变化，那么，很难实现零库存。因为在库存结构、库存布局不合理的情况下，即使某些企业的库存趋于零或等于零，但是，设置仓库和维护仓库的资金占用量并没有减少。

因此，从货物流动的角度来看，零库存管理应当包含以下两层含义，如图7-1所示。

图 7-1　零库存管理的含义

一定的库存给企业带来了好处，比如避免缺货、保证生产与经营连续等，但是也存在很大弊端。随着现代企业竞争的加剧，降低成本成为企业的迫切要求，而零库存作为比较科学的库存管理方式，被很多企业所关注。

三、适当库存的理念

适当库存可以说是企业最希望达到的库存状态。因为过剩和过少库存的性质完全相反，很难实现平衡。

适当库存就是让企业不要因过剩库存而承受资金的压力,也不要因过少库存而损失销售的机会,促使这两种库存达到平衡的状态。

第二节　ABC库存分类管理

随着市场竞争的加剧,企业的仓库管理已成为提高运营效率、降低生产成本的关键环节。而在仓库管理中,ABC分类法是一种非常重要的库存管理策略。

一、ABC分类法的原理

ABC分类法又称帕累托分类法,是意大利经济学家帕累托提出的一种管理方法。它将物品按照价值、销售额等指标,分为A、B、C三个等级,其中,A级为最重要的部分,B级为次重要的部分,C级为数量最多但价值最小的部分。

我们可以将仓库中的物品按照销售额、成本等指标进行分类。一般来说,A级物品的销售额和成本占据了整个仓库的较大比例,是价值最高的一部分;B级物品的销售额和成本占比次之;而C级物品的销售额和成本占比最低,但数量却是最多的。

二、ABC分类法的实施

ABC分类法的实施步骤如图7-2所示。

收集数据 → 计算占比 → 划分等级 → 制定库存控制策略 → 实施库存控制

图7-2　ABC分类法的实施步骤

1.收集数据

在实施ABC分类法之前,应收集仓库物品的信息,如数量、销售额、成本等,以确定每种物品的经济效益和重要程度。这些信息可以通过仓库管理系统(WMS)或ERP系统进行收集、整理和分析。

2.计算占比

根据收集的数据,利用Excel等工具可计算出每种物品的销售额、成本等占整个仓库的比重。

3. 划分等级

将物品按照销售额占比、成本占比等指标，分为 A、B、C 三个等级。通常情况下，A 级物品的销售额和成本占比为 10%～20%，B 级物品的销售额和成本占比为 20%～30%，C 级物品的销售额和成本占比为 50%～70%。当然，企业可根据自己的实际情况进行调整。

4. 制定库存控制策略

针对不同等级的物品，企业应制定不同的库存控制策略。A 级物品通常为高价值、高销量的商品，应该严格控制库存量，保持在一个较低的水平，以免过多的库存导致资金占用或成本增加。同时，为了满足销售需求，应适当备货，避免产生缺货现象。B 级物品的库存量可以相对高一些，但也需要根据销售情况和市场需求及时调整库存。对于 C 级物品，由于数量众多且价值相对较低，可以采取宽松的库存控制策略，例如利用安全库存或定期盘点等方式进行管理。

5. 实施库存控制

应根据制定的库存策略，在采购、销售等环节严格控制 A、B、C 各类物品的数量，确保库存量保持在合理水平。在实际操作中，可以通过仓库管理系统（WMS）或 ERP 系统来实现自动化库存控制和数据分析。

三、ABC 三类物料库存控制

ABC 三类物料的种类比例与金额比例大不相同，所以对 ABC 三类物料应采取不同的控制方法。

1. A 类物料

A 类物料种类少，金额大，最好不要有存货。对 A 类物料，应有一套完整的记录，在有需求或订货时，才进行订购，并且充分利用购备时间或前置时间，及时交货，不影响生产。

2. C 类物料

C 类物料种类多，金额小，可适当加大订购批量，提高保险储备量，采用定量库存法进行控制。当库存量等于或低于再订购点时，再补充订购，可以减少日常的工作量。

3. B 类物料

B 类物料介于 A 类和 C 类之间，种类与金额占比一般，但也不能忽视。对于 B 类物料，不必像 A 类物料一样跟单订货，也不必像 C 类物料那样一次性大批量采购，可采取设置安全存量的方式，到请购点时根据经济采购量加以采购。

> **小提示**
>
> 实施 ABC 分类管理法时，应根据物料的特点、生产需求分别管理。

第八章
仓库盘点管理

第一节　盘点的目的与形式

企业通过对物品库存量和质量进行定期核对，可以准确掌握库存情况，为后续采购、销售等决策提供依据。

一、盘点的目的

企业物品出入库，会有相关的单据、账册进行管理。但实际上，仓库的"账面库存"和"实际库存"有时会不一致，这就需要定期进行盘点。

具体来说，盘点具有图8-1所示的目的。

| 帮助管理人员了解物品库存情况，为经营决策提供依据 | 检验仓库管理是否规范 | 检验仓管员的工作是否合规 |

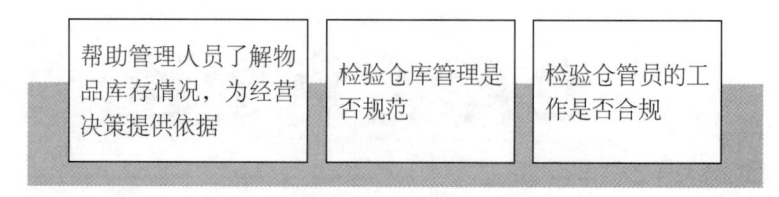

图8-1　盘点的目的

1.帮助管理人员了解物品的库存情况，为经营决策提供依据

通过仓库盘点，企业管理人员能掌握准确的库存数据，从而分析产品积压的原因，及时调整销售策略，改变销售方向，同时对滞销的产品进行处理，减少资金占用，提高资金的流动性，让企业的生产处于良性循环。

2.检验仓库管理是否规范

仓库盘点后如果货损量较大，说明仓库管理工作存在漏洞。管理人员根据盘点数据，可以找出问题所在，从而有针对性地制定解决方案，弥补管理不足。

3.检验仓管员的工作是否合规

仓库物资的摆放是否合理，报废、过期及零散物资的处理是否得当，都可以通过仓库盘点进行检验。因此，仓库盘点可以促进仓管员的各项工作合规有效。

二、盘点的形式

1.定期盘点和循环盘点

（1）定期盘点，即按照一定的期限（如三个月、六个月）进行盘点。注意，仓库、制程中所有的物品都要盘点。盘点时，应停止物品出入库活动。

（2）循环盘点，即对需要盘点的物品，以几天为周期，进行盘点。

2.账簿盘点和实地盘点

（1）账簿盘点，以记录每天出入库数量及单价的库存总账簿或库存卡为依据，计算物品的数量。也就是说，将进货、出货、存货的这种流动性活动记录在账簿内。

（2）实地盘点，即实地检查仓库库存物品的数量，又称实盘。在实际工作中，账簿上记录的库存量与实际库存量有可能不一致，这就需要对实际库存物品进行仔细盘点确认。实地盘点的时间及方法分为以下三种。

① 根据场地的不同，分为仓库盘点、在制品盘点。

② 根据盘点时间的不同，分为定期盘点、不定期盘点。例如，每个月月底、每半个月、每个星期进行的盘点就是定期盘点。在需要时进行的盘点，则是不定期盘点。

③ 根据盘点方法，分为统一盘点、循环盘点。

账簿盘点与实地盘点的方法如图 8-2 所示。

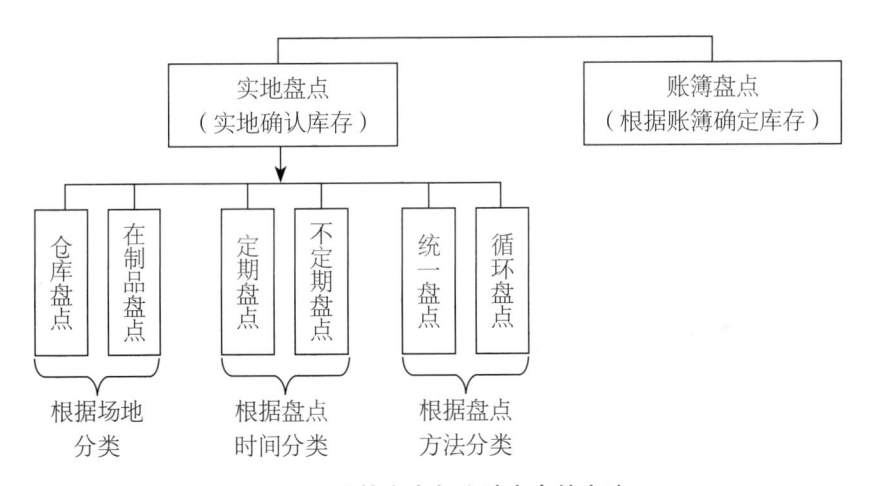

图 8-2　账簿盘点与实地盘点的方法

第二节　盘点准备与实施

俗话说，"不打无准备之仗"，事前准备工作做得越好，盘点工作就越顺利，盘点结果也越准确。

一、盘点工具

盘点工具多种多样，如盘点传票、盘点卡、盘点架等。每种工具的用法都不同，企业应根据实际情况选择适合的盘点工具。

1. 盘点传票

盘点传票的使用方法如图 8-3 所示。

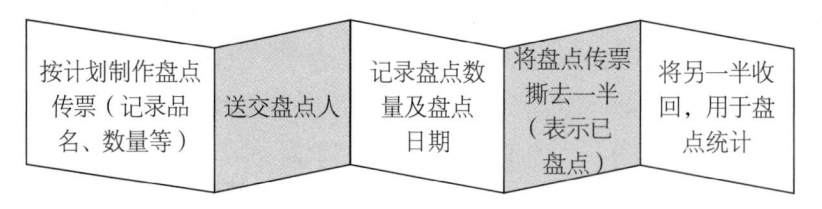

```
按计划制作盘点 → 送交盘点人 → 记录盘点数量及盘点日期 → 将盘点传票撕去一半（表示已盘点）→ 将另一半收回，用于盘点统计
传票（记录品名、数量等）
```

图 8-3　盘点传票的使用方法

盘点传票的样式如图 8-4 所示。

```
┌─────────────────────────────────┐
│            盘点传票              │
├─────────────────────────────────┤
│  日期：_____  │
│  品名：_____  │
│  品号：_____  │
│  数量：_____  │
│ - - - - - - - - - - - - - - - - │
│  日期：_____  │
│  品名：_____  │
│  品号：_____  │
│  数量：_____  │
│                                 │
│            ┌──────┐             │
│            │  印  │             │
│            └──────┘             │
└─────────────────────────────────┘
```

图 8-4　盘点传票样式

2. 盘点卡

盘点卡（见表 8-1）需要收回，不能留在仓库。盘点卡的使用方法如图 8-5 所示。

表 8-1　盘点卡

盘点日期：　　　　　　　　　　　　　　　　　　　　卡号：

物品名称		物品编号			
物品规格		存放位置			
账面数量		实盘数量		差异	
说明：		盘点人		复盘人	

```
┌─────────────┐  ┌─────────────┐  ┌─────────────┐  ┌─────────────┐
│按计划制作盘点│  │记录盘点数量及│  │             │  │收回盘点卡,用│
│卡(记录品名、│  │  盘点日期    │  │  送交盘点人  │  │ 于盘点统计  │
│   数量等)   │  │             │  │             │  │             │
└─────────────┘  └─────────────┘  └─────────────┘  └─────────────┘
```

图 8-5　盘点卡的使用方法

3. 盘点架

盘点架的用法如图 8-6 所示。

用法一	按计划制作新的盘点架
用法二	将盘点架送交盘点人
用法三	在原(旧)盘点架上填入盘点数量及日期(旧盘点架在上次盘点时已做好,上面记录着从上次盘点至现在的出库情况)
用法四	把余数(现货数)转记到新盘点架上
用法五	收回旧盘点架,用于盘点统计
用法六	将新盘点架放在仓库

图 8-6　盘点架的用法

盘点架的样式如图 8-7 所示。

盘点架

日期:＿＿＿＿＿＿＿＿＿＿＿＿＿＿＿＿＿＿＿＿＿＿＿＿＿＿＿

品名:＿＿＿＿＿＿＿＿＿＿＿＿＿＿＿＿＿＿＿＿＿＿＿＿＿＿＿

品号:＿＿＿＿＿＿＿＿＿＿＿＿＿＿＿＿＿＿＿＿＿＿＿＿＿＿＿

数量:＿＿＿＿＿＿＿＿＿＿＿＿＿＿＿＿＿＿＿＿＿＿＿＿＿＿＿

日期	传票	出	入	余

图 8-7　盘点架样式

二、盘点前的准备

1. 制订盘点计划

盘点前应制订盘点计划，内容如图 8-8 所示。

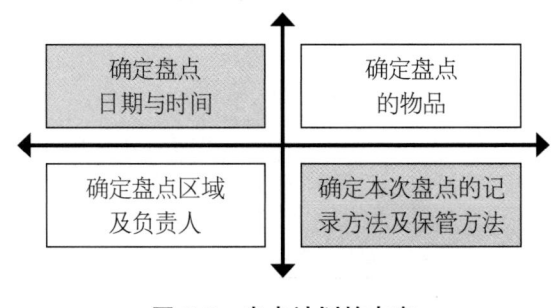

图 8-8　盘点计划的内容

2. 成立盘点小组

盘点小组可分为初盘小组和复盘小组，两个小组的职责如图 8-9 所示。

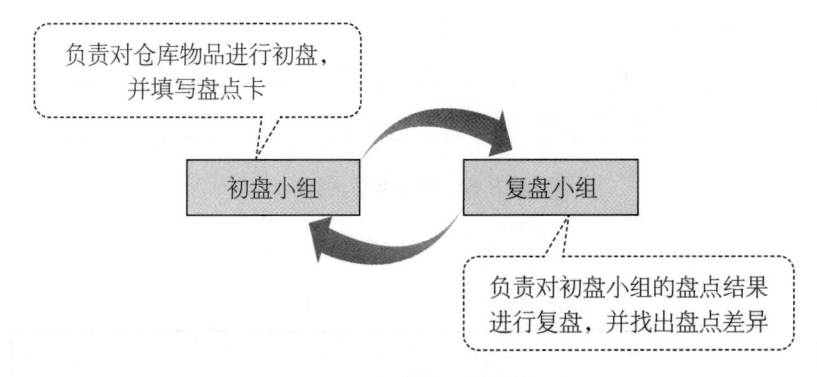

图 8-9　盘点小组的职责

3. 盘点前的仓库清理工作

（1）供应商交来的物料还没办完验收手续时，不属于企业的物料，应与企业物料分开存放，以免盘入企业物料当中。

（2）已完成验收的物料应及时入库。如果来不及入库，应暂存于仓库，记在仓库的临时账上。

（3）仓库关闭之前，应通知各用料部门提前领取所需的物料。

（4）清理仓库，使仓库井然有序，以便于计数与盘点。

（5）将呆料、不良物料和废料与一般物料划分界限，以便于盘点。

（6）将所有单据、文件、账卡整理齐全，未记账、销账的单据均应结清。

> **小提示**
>
> 仓管员在正式盘点前，应先自行盘点，发现问题及时处理，以便于正式盘点工作顺利开展。

4. 盘点前的生产线退料

为了配合盘点工作，生产线应提前做好退料工作。生产线退料的内容如图 8-10 所示。

- 01 规格不符的物料
- 02 超发的物料
- 03 不良的物料
- 04 呆料、废料
- 05 不良半成品

图 8-10　生产线退料的内容

> **小提示**
>
> 生产线的退料工作应避开盘点期间，生产线所属的工作场所（如生产线上下附近、工作桌抽屉、通风管等）都应在盘点前办理退料。

5. 盘点培训

为使盘点工作顺利进行，应对盘点小组进行短期的培训，培训内容如图 8-11 所示。

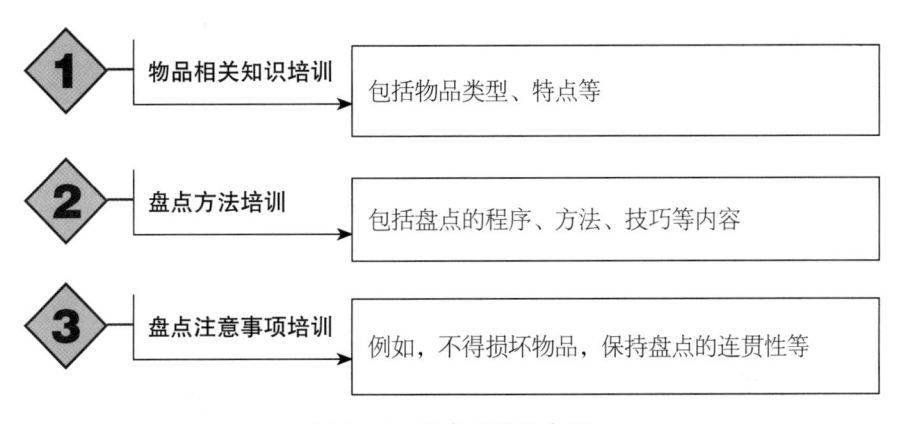

1. 物品相关知识培训 —— 包括物品类型、特点等
2. 盘点方法培训 —— 包括盘点的程序、方法、技巧等内容
3. 盘点注意事项培训 —— 例如，不得损坏物品，保持盘点的连贯性等

图 8-11　盘点培训的内容

6.准备盘点工具

还应将盘点所需要的磅秤、台秤等计量用具以及盘点票、盘点记录表等单据准备好。

三、盘点实施

将准备工作做好后,盘点小组就应按规定时间实施盘点作业,盘点作业分为初盘作业和复盘作业。

1.初盘作业

初盘作业的内容如图 8-12 所示。

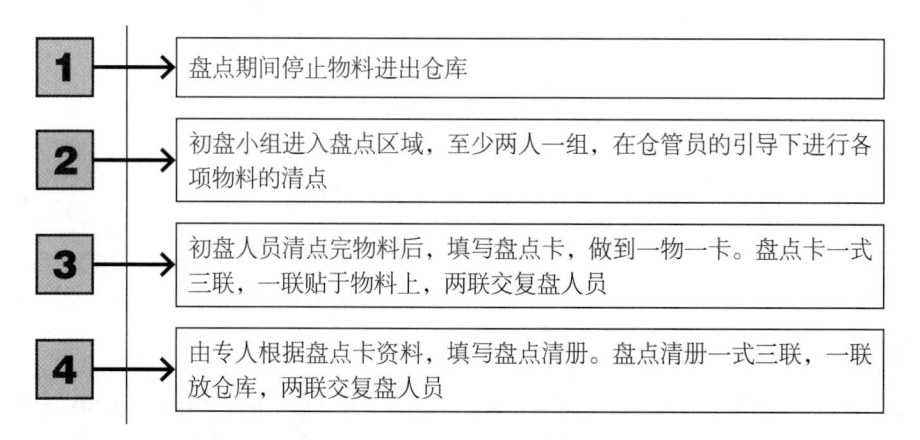

1	盘点期间停止物料进出仓库
2	初盘小组进入盘点区域,至少两人一组,在仓管员的引导下进行各项物料的清点
3	初盘人员清点完物料后,填写盘点卡,做到一物一卡。盘点卡一式三联,一联贴于物料上,两联交复盘人员
4	由专人根据盘点卡资料,填写盘点清册。盘点清册一式三联,一联放仓库,两联交复盘人员

图 8-12 初盘作业内容

> **小提示**
> 初盘人员对货架里面的物品应认真盘点,以免出现差错,造成多次复盘。盘点结束后,应将物品摆放整齐。

2.复盘作业

(1)初盘结束后,复盘人员进入盘点区域,在仓管员及初盘人员的引导下进行物料复盘。

(2)复盘作业可 100% 复盘,也可抽盘,由盘点小组领导确定,但复盘比例不应低于 30%。

(3)复盘人员根据实际状况,可采取由账至物或由物至账的抽盘作业方式,如图 8-13 所示。

由账至物	由物至账
即在盘点清册中随意抽取若干项目，逐一到现场核对，确认盘点清册、盘点卡与实物是否一致	即在现场随意抽取一种物料，然后与盘点清册、盘点卡进行核对，确认三者是否相符

图 8-13　抽盘作业方式

（4）复盘人员核对无误后，在盘点卡与盘点清册上签字确认。如果盘点结果不一致，应会同初盘人员、仓管员修改盘点卡、盘点清册中的数量，并签字确认，如表 8-2 所示。

（5）复盘人员将两联盘点卡及两联盘点清册一并上交财务部。

（6）复盘结束后，应及时将仓库整理干净。

表 8-2　物料盘点清册

编号：

部门				盘点日期						
盘点卡号	料号	单位	实盘数量	账面数量	差异数量	单价	差异金额	差异原因	存放位置
合计									
说明				会计		复盘		盘点人	

第三节　盘点结果统计与处理

盘点是仓库的一项日常工作，如果发现账务与实物存在差异，应及时查明原因，并采取措施加以纠正。

一、盘点结果统计

盘点结束后，盘点人员应将盘点单全部收回，并根据每张盘点单上的最终物品数量，统计出物品的总量。

盘点卡是仓库盘点的原始记录，盘点人员在盘点结束后应将各仓位的盘点记录单全部打印出来，以免遗漏。同时，根据盘点结果填写相应表单，如盘点差异分析表（见表8-3）、盘点异动报告表（见表8-4）等。

表 8-3　盘点差异分析表

物品编号	仓位号码	单位	原存数量	实盘数量	差异数量	差异率/%	单价	金额	差异原因	累计盘盈（盘亏）数量	累计盈亏金额	应对措施
				合计						合计		

表 8-4　盘点异动报告表

盘点日期	物品编号	物品名称	账面数量	实盘数量	盈亏数量	单价	盈亏金额	累计盈亏数量	累计盈亏金额

二、盘点结果处理

1. 盘点差异确认

盘点人员将盘点资料与账目核对后，如果发现账物不符，应查明原因，具体可从以下事项着手。

（1）是否因仓库管理制度存在缺陷，造成账目无法真实反映物料的数量。
（2）是否因仓管员素质过低，记账错误或原始单据丢失，造成账物不符。
（3）是否因盘点人员工作失误，造成盘点结果错误。
（4）盘点差异是否在容许范围之内。

2.盘点差异处理

（1）整改工作

盘点结束后，仓管员应做好图8-14所示的整改工作。

- 根据盘点结果，对相关人员进行奖惩
- 对账目进行更正
- 物料不足时，迅速办理订购
- 将呆料、废料及时处理
- 将盘点出的废品集中起来，做废弃处理
- 加强仓库整理、整顿、清扫、清洁等工作

图8-14 盘点差异整改工作

（2）预防工作

找到盘点差异的原因后，仓管员应做好预防工作，具体措施如图8-15所示。

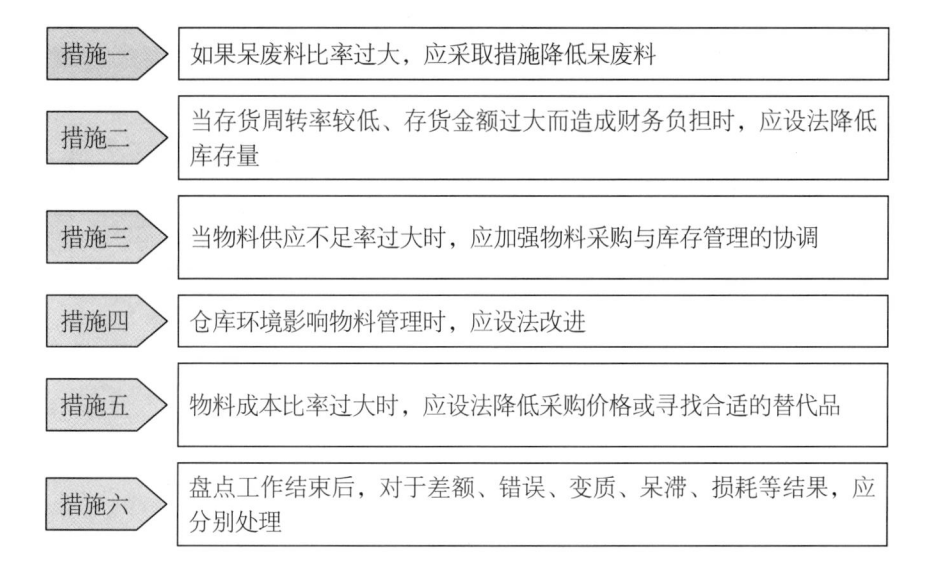

措施一	如果呆废料比率过大，应采取措施降低呆废料
措施二	当存货周转率较低、存货金额过大而造成财务负担时，应设法降低库存量
措施三	当物料供应不足率过大时，应加强物料采购与库存管理的协调
措施四	仓库环境影响物料管理时，应设法改进
措施五	物料成本比率过大时，应设法降低采购价格或寻找合适的替代品
措施六	盘点工作结束后，对于差额、错误、变质、呆滞、损耗等结果，应分别处理

图8-15 盘点差异预防措施

3.调整账目

根据盘点结果,仓管员应及时变更库存账目、保管卡等内容,以确保账、物、卡相符。

(1)调整库存账目

仓管员应根据盘点结果,在库存账页中将盘亏做发出处理,将盘盈做收入处理,并在摘要中注明盘盈或盘亏,如表8-5所示。

表8-5 盘盈(亏)库存账目调整

年		凭证		摘要	收入	发出	结存
月	日	种类	号码				
……	……	……	……	……	……	……	……
12	30	领料单	06123005			5000	146000
1	1	盘点单	070101	盘亏		5000	141000

(2)调整保管卡

仓管员调整保管卡时,应该在收发记录中写明数量的变更,具体如表8-6所示。

表8-6 盘盈(亏)保管卡调整

……								
收发记录								
日期	单据号码	发料量	存量	收料量	退回	订货记录	备注
……	……	……	……	……	……	……	……
12月30日	06123005	5000	146000				
1月1日	070101	5000	141000				盘亏

第九章

仓库现场管理

第一节　仓库5S管理

仓库 5S 管理旨在通过减少浪费、强化管理和改善工作环境，提高仓库工作的效率和质量。

一、5S 的含义

5S 是 5 个日文词汇的首字母：Seiri（整理），Seiton（整顿），Seiso（清扫），Seiketsu（清洁）和 Shitsuke（素养），其含义如图 9-1 所示。

❶ 整理	❷ 整顿	❸ 清扫	❹ 清洁	❺ 素养
区分必需品和非必需品，倒掉垃圾，把长期不用的东西放回仓库	把寻找必需品的时间降到最低，让常用物品随手可得	确保仓位、货架、岗位上无垃圾、无灰尘，干净整洁	将整理、整顿、清扫进行到底，并形成制度	严格遵守作业标准，确保作业环境良好，员工心情愉快

图 9-1　5S 的含义

二、5S 执行要领

1. 仓库整理要领

（1）现场检查

现场检查就是对仓库作业现场进行全面检查，包括看得见和看不见的地方，如设备内部、文件柜顶部、货架底部等位置。

整理的主要活动如图 9-2 所示。

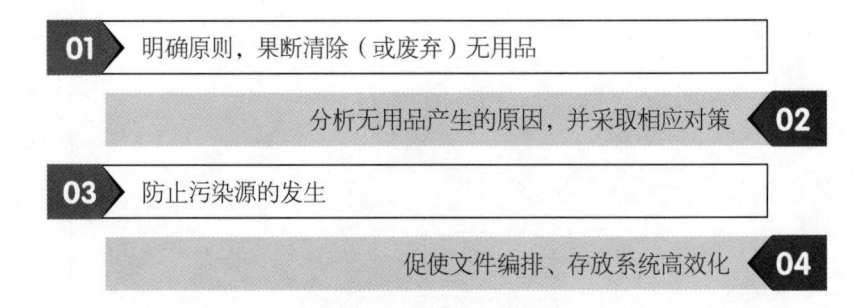

- 01　明确原则，果断清除（或废弃）无用品
- 02　分析无用品产生的原因，并采取相应对策
- 03　防止污染源的发生
- 04　促使文件编排、存放系统高效化

图 9-2　整理的主要活动

（2）区分必需品和非必需品

管理必需品和清除非必需品同样重要。首先应判断物品的重要性，然后根据其使用频率确定管理方法。对于必需品，一般放在工作台附近，以便于寻找和使用；对于非必需品，可以把它存放到一边，并定期进行检查；而对于过期的物品，则应迅速处置。

必需品和非必需品的处理方法如表 9-1 所示。

表 9-1　必需品和非必需品的处理方法

类别	使用频率		处理方法	备注
必需品	每个小时		放在工作台上或随身携带	
	每天		存放在工作台附近	
	每周		存放在现场	
非必需品	每月		存放起来	定期检查
	三个月			
	半年			
	一年		封存起来	
	两年			
	不确定	有用	储存起来	
		无用	变卖/丢弃	定期清理
	不能用		变卖/丢弃	立即进行

（3）清理非必需品

清理非必需品时，应关注物品现在的"使用价值"，而不是原来的"购买价值"。非必需品包括图 9-3 所示的内容。

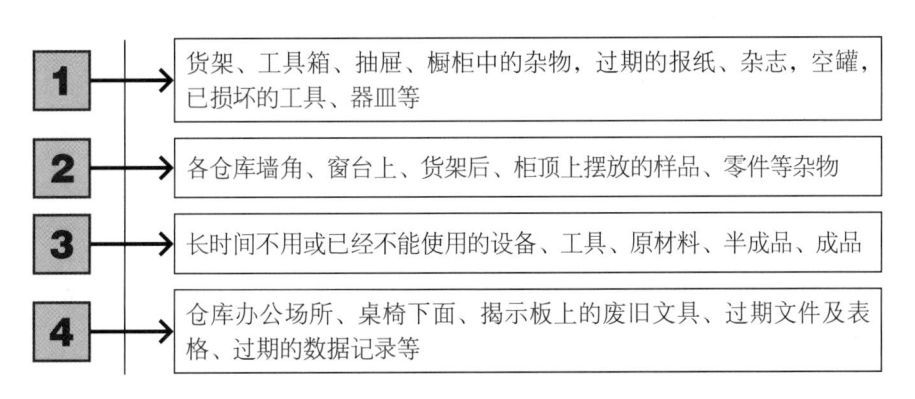

1 → 货架、工具箱、抽屉、橱柜中的杂物，过期的报纸、杂志，空罐，已损坏的工具、器皿等

2 → 各仓库墙角、窗台上、货架后、柜顶上摆放的样品、零件等杂物

3 → 长时间不用或已经不能使用的设备、工具、原材料、半成品、成品

4 → 仓库办公场所、桌椅下面、揭示板上的废旧文具、过期文件及表格、过期的数据记录等

图 9-3　非必需品包括的内容

对非必需品的处理，一般有两种方法，如图9-4所示。

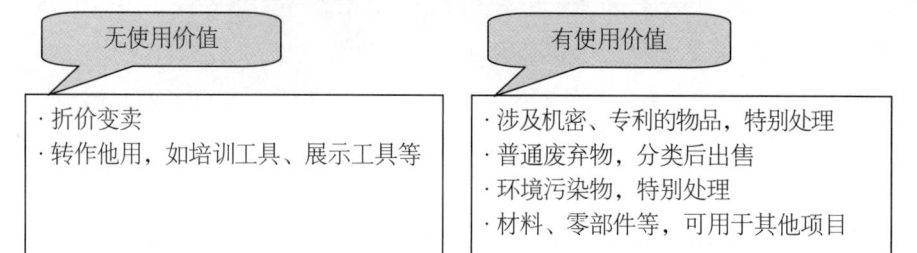

无使用价值
· 折价变卖
· 转作他用，如培训工具、展示工具等

有使用价值
· 涉及机密、专利的物品，特别处理
· 普通废弃物，分类后出售
· 环境污染物，特别处理
· 材料、零部件等，可用于其他项目

图9-4　非必需品的处理方法

小提示

为保持整理活动的成果，仓库可以建立一套完善的非必需品管理程序和机制。

（4）每天循环整理

整理是一个永无止境的过程。现场每天都在变化，昨天的必需品在今天可能是多余的，今天的需求与明天的需求有所不同。整理工作应该日日做、时时做。

2. 仓库整顿要领

仓管员对仓库进行整顿时应掌握一定的要领，如图9-5所示。

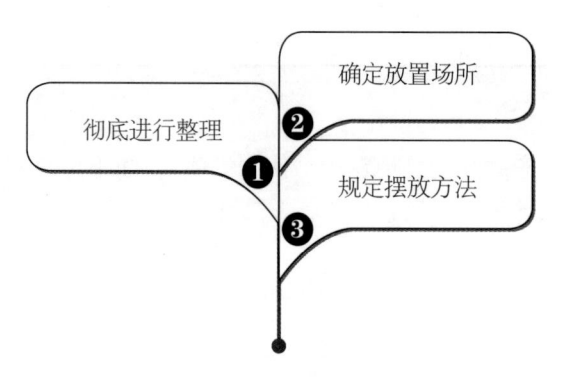

❶ 彻底进行整理
❷ 确定放置场所
❸ 规定摆放方法

图9-5　仓库整顿的要领

（1）彻底进行整理

整顿是整理的延伸，因此，在整顿时首先应进行彻底整理。彻底整理有四个要求，如图9-6所示。

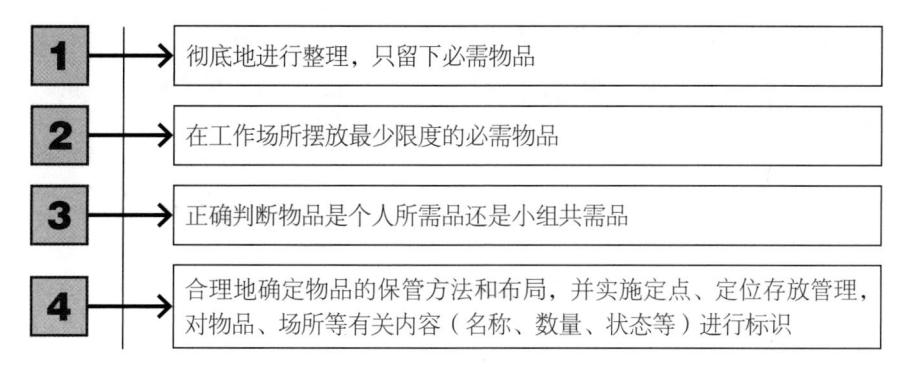

1	彻底地进行整理，只留下必需物品
2	在工作场所摆放最少限度的必需物品
3	正确判断物品是个人所需品还是小组共需品
4	合理地确定物品的保管方法和布局，并实施定点、定位存放管理，对物品、场所等有关内容（名称、数量、状态等）进行标识

图 9-6　彻底整理的要求

（2）确定放置场所

确定物品放置场所的方法如图 9-7 所示。

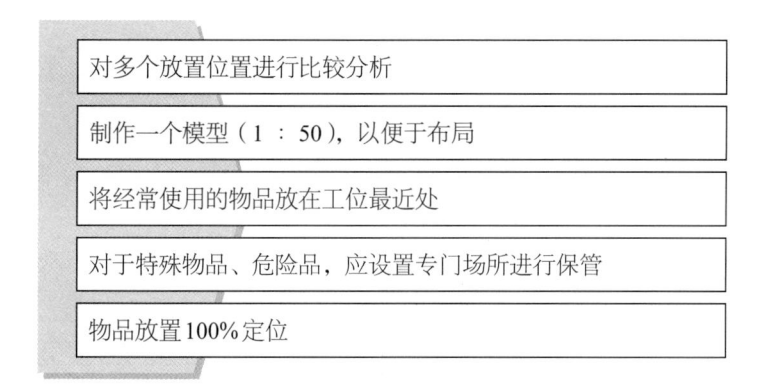

- 对多个放置位置进行比较分析
- 制作一个模型（1∶50），以便于布局
- 将经常使用的物品放在工位最近处
- 对于特殊物品、危险品，应设置专门场所进行保管
- 物品放置100%定位

图 9-7　确定物品放置场所的方法

（3）规定摆放方法

① 定量摆放。定量摆放有三个要求，如图 9-8 所示。

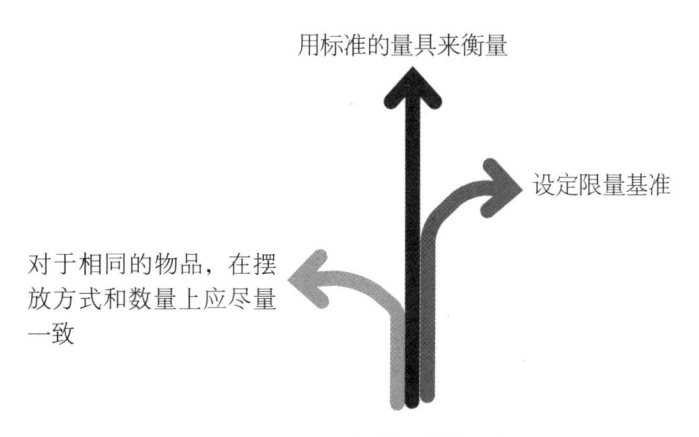

- 用标准的量具来衡量
- 设定限量基准
- 对于相同的物品，在摆放方式和数量上应尽量一致

图 9-8　定量摆放的要求

② 使用不同容器装载。各种物料的规格不同，因此要用不同的容器来装载。对于同类物品，装载容器应尽量相同，否则，显得非常不整齐，同时也浪费空间。此外，容器的选择，应考虑搬运的便利性。

③ 尽量立体放置，充分利用空间。

④ 便于拿取和"先进先出"。

⑤ 平行、直角式陈列，在规定区域放置。

⑥ 堆放高度应有限制。

⑦ 易损物品应分开保管或加装防护垫，以防止撞坏。

⑧ 做好防潮、防尘、防锈措施。

> **小提示**
>
> 仓库的整顿要做到"三定"，即定位、定量和定品种。

3. 仓库清扫要领

（1）清扫活动的要点，具体如图 9-9 所示。

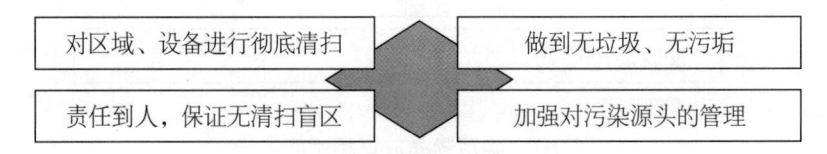

对区域、设备进行彻底清扫	做到无垃圾、无污垢
责任到人，保证无清扫盲区	加强对污染源头的管理

图 9-9　清扫活动的要点

（2）清扫前的准备工作。清扫前应做好如图 9-10 所示的准备工作。

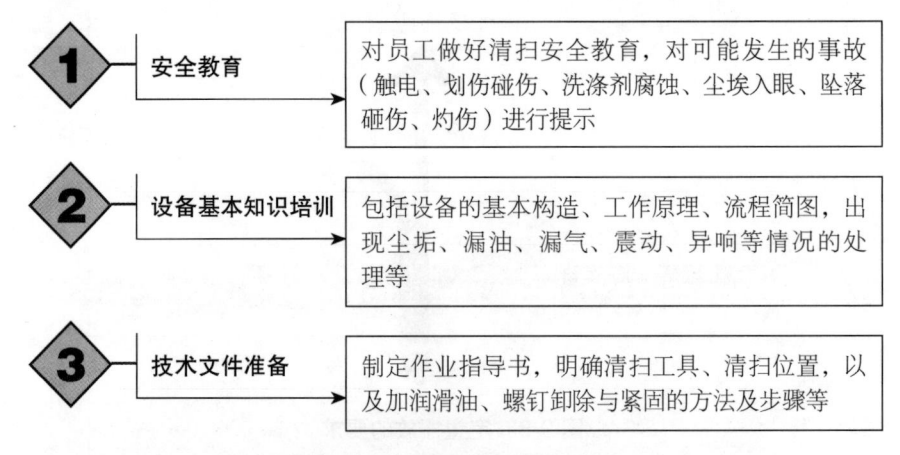

1　安全教育：对员工做好清扫安全教育，对可能发生的事故（触电、划伤碰伤、洗涤剂腐蚀、尘埃入眼、坠落砸伤、灼伤）进行提示

2　设备基本知识培训：包括设备的基本构造、工作原理、流程简图，出现尘垢、漏油、漏气、震动、异响等情况的处理等

3　技术文件准备：制定作业指导书，明确清扫工具、清扫位置，以及加润滑油、螺钉卸除与紧固的方法及步骤等

图 9-10　清扫前的准备工作

（3）清除垃圾、灰尘。作业人员应扫除工作岗位上的一切垃圾、灰尘，具体要求如图 9-11 所示。

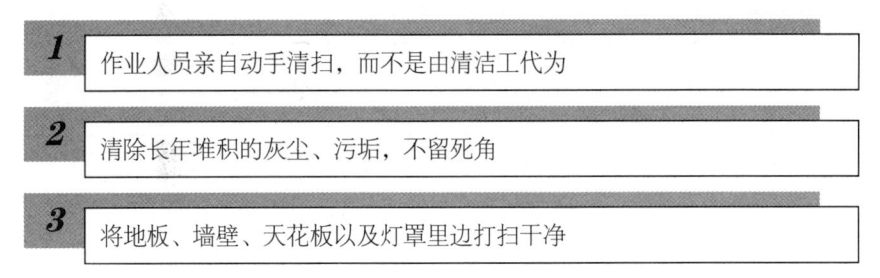

1. 作业人员亲自动手清扫，而不是由清洁工代为
2. 清除长年堆积的灰尘、污垢，不留死角
3. 将地板、墙壁、天花板以及灯罩里边打扫干净

图 9-11　清除垃圾、灰尘的要求

（4）清扫机器设备。清扫机器设备的具体要求如图 9-12 所示。

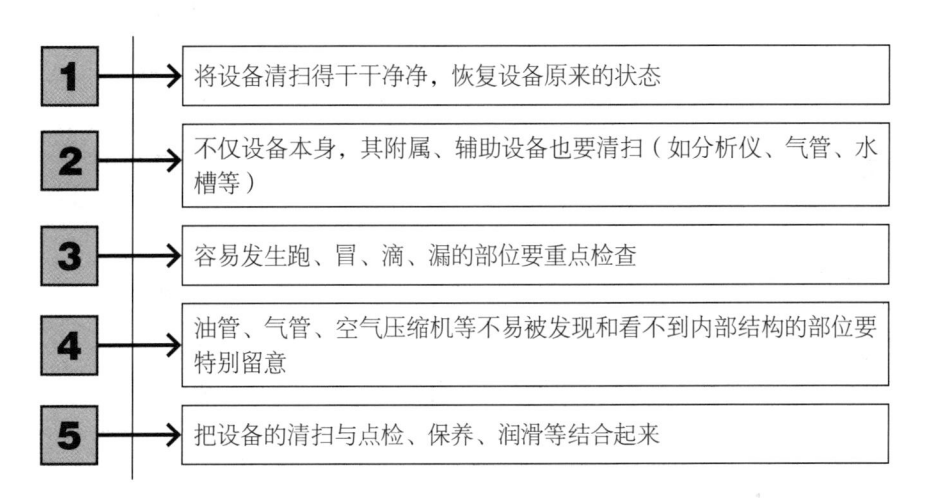

1. 将设备清扫得干干净净，恢复设备原来的状态
2. 不仅设备本身，其附属、辅助设备也要清扫（如分析仪、气管、水槽等）
3. 容易发生跑、冒、滴、漏的部位要重点检查
4. 油管、气管、空气压缩机等不易被发现和看不到内部结构的部位要特别留意
5. 把设备的清扫与点检、保养、润滑等结合起来

图 9-12　清扫机器设备的要求

（5）处理清扫中发现的问题。清扫结束后，应及时处理清扫中发现的问题，具体要求如图 9-13 所示。

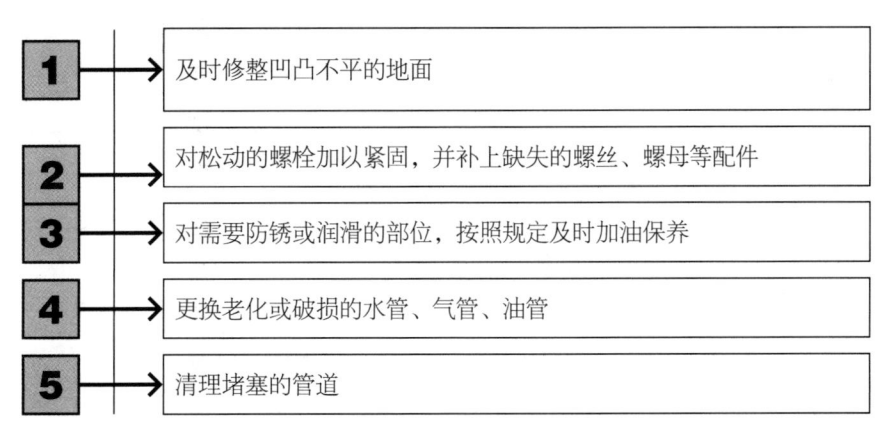

1. 及时修整凹凸不平的地面
2. 对松动的螺栓加以紧固，并补上缺失的螺丝、螺母等配件
3. 对需要防锈或润滑的部位，按照规定及时加油保养
4. 更换老化或破损的水管、气管、油管
5. 清理堵塞的管道

图 9-13

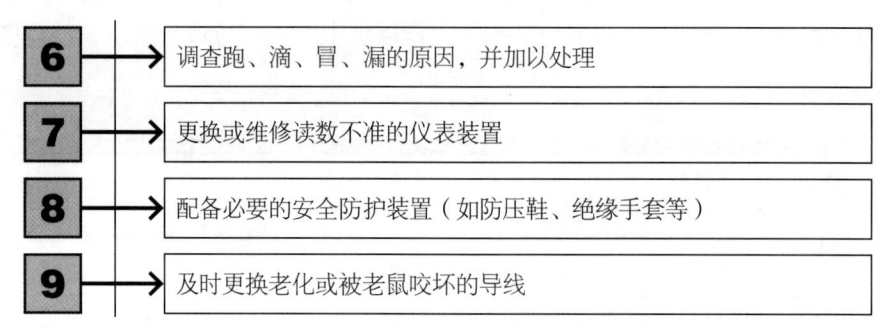

6	调查跑、滴、冒、漏的原因，并加以处理
7	更换或维修读数不准的仪表装置
8	配备必要的安全防护装置（如防压鞋、绝缘手套等）
9	及时更换老化或被老鼠咬坏的导线

图 9-13　清扫中发现问题的处理要求

（6）查明污垢的源头（跑、滴、冒、漏），从根本上解决问题。即使每天进行清扫，油渍、灰尘和碎屑还是四处遍布。因此，应找到污垢的产生源头，并制定污垢发生源的明细清单，按计划逐步改善，从根本上消除污垢。

（7）实行区域责任制。对于清扫区域，应实行区域责任制，并落实到个人，确保不存在无人管理的死角。

（8）制定清扫基准。应制定清扫基准，明确清扫对象、方法、重点、周期、工具、责任人等内容，确保清扫工作的效率与质量。

4.仓库清洁要领

清洁就是将前 3S（整理、整顿、清扫）的工作制度化、规范化，并要求全员贯彻执行，将清扫后的状态保持下去。

（1）对人员进行教育

应向仓库员工进行 5S 基本思想的教育和宣传，让大家明白：5S 活动需要所有人员的持续推进，才能达到更好的效果。

① 制定清洁手册。清洁手册应明确图 9-14 所示的内容。

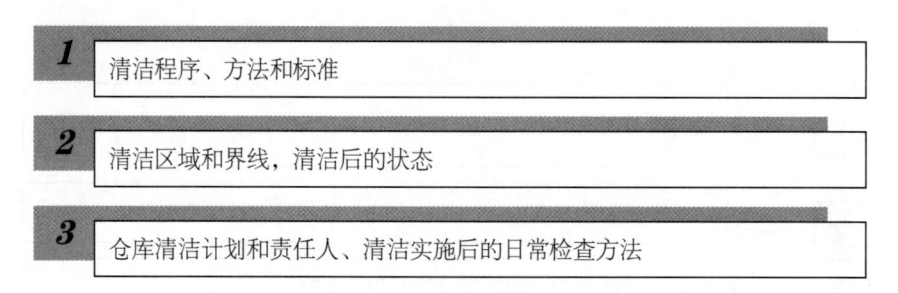

1	清洁程序、方法和标准
2	清洁区域和界线，清洁后的状态
3	仓库清洁计划和责任人、清洁实施后的日常检查方法

图 9-14　清洁手册的内容

② 对 5S 进行宣传。可利用早（晚）会、巡查、贴标语、讲座等手段，对 5S 进行宣传。

（2）持续做好整理工作

要想持续做好整理工作，必须注意图 9-15 所示的要点。

要点一	区分工作区的必需品和非必需品
	将仓管员带到仓库现场,把当前所有物品整理一遍,明确它们的使用周期,并记录下来。然后再区分必需品和非必需品

要点二	向作业人员进行确认说明
	区分必需品和非必需品时,应向作业人员解释清楚

要点三	撤走各岗位的非必需品
	将非必需品迅速从岗位上撤走,不能拖拉

图 9-15 持续做好整理工作的要点

（3）持续做好整顿工作

持续做好整顿工作的要领如图 9-16 所示。

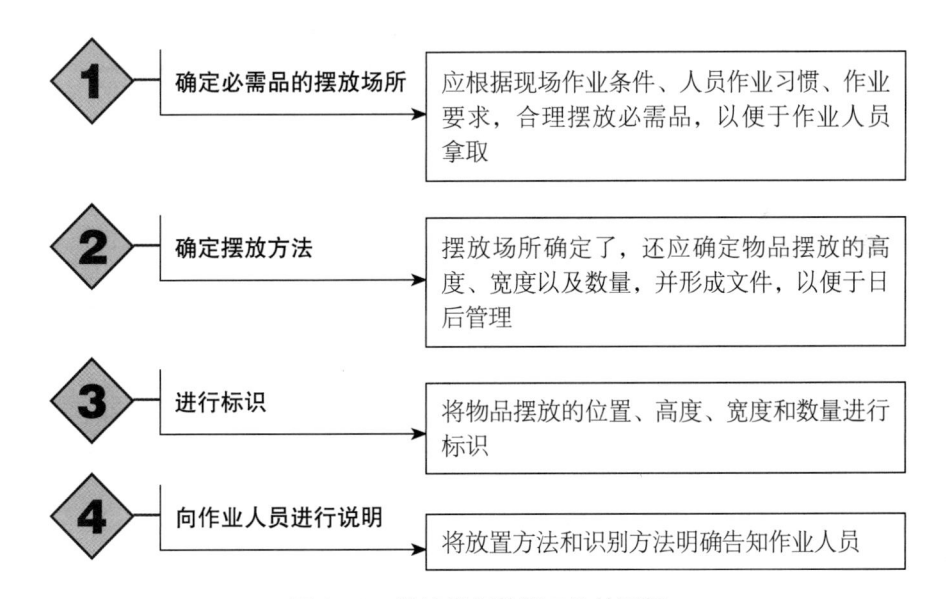

1	确定必需品的摆放场所	应根据现场作业条件、人员作业习惯、作业要求,合理摆放必需品,以便于作业人员拿取
2	确定摆放方法	摆放场所确定了,还应确定物品摆放的高度、宽度以及数量,并形成文件,以便于日后管理
3	进行标识	将物品摆放的位置、高度、宽度和数量进行标识
4	向作业人员进行说明	将放置方法和识别方法明确告知作业人员

图 9-16 持续做好整顿工作的要领

（4）持续做好清扫

应划分责任区域,明确责任人,只有这样,清洁工作才能贯彻下去。

（5）定期检查前 3S 的工作状况

① 检查的标准。清洁标准包含图 9-17 所示的三个要素。

1　干净　　2　高效　　3　安全

图9-17　清洁的标准

② 检查的重点。在检查前，应制定详细的检查表，并明确清洁的状态。检查的重点如图9-18所示。

周围是否有不必要的物品　　各种物品的存取是否方便

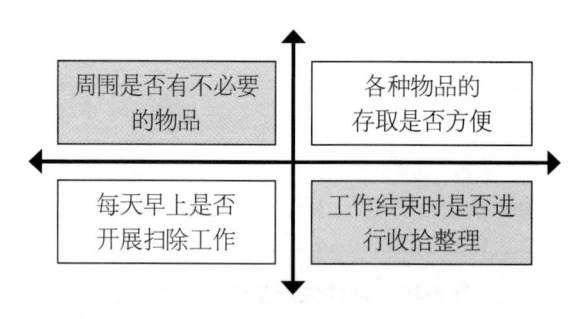

每天早上是否开展扫除工作　　工作结束时是否进行收拾整理

图9-18　检查的重点

③ 实施检查。应按表9-2所示的要求，对前3S工作进行检查。

表9-2　前3S工作检查的要求

检查事项	要求	实施要点
整理	检查有哪些不必要的物品	（1）在3S实施后，应检查周围是否有不必要的物品，并做好相关记录。记录可采取表格形式 （2）将废弃物品进行处置： ① 库存是企业的资产，个人不能随意处置 ② 编制废弃物品一览表 ③ 一定要全数显示 ④ 与财务负责人协商后处理
整顿	检查物品的摆放方法	（1）检查物品的摆放方法，并做好记录 （2）制定整顿鉴定表，对工作场所进行二次检查
清扫	消除灰尘、垃圾	检查仓库的各个区域是否清扫干净，并填写相关表格

5.提高仓库人员素养

素养就是通过整理、整顿、清扫、清洁等改善活动，使仓库人员养成遵守标准和规定的习惯，从而促进仓库整体管理水平的提升。

（1）推动前4S活动。前面的4S活动是基本工作，也是管理手段，可使员工在无形中养成一种保持整洁的习惯。

所以5S可以理解为：通过整理、整顿、清扫、清洁，使员工达到最基本的要求——素养。

（2）制定相关制度。制定相应的操作规范、行为礼仪及员工守则等，能够保证员工达到最低的素养要求。

（3）做好培训工作。培训可分为岗前培训和在岗培训。

① 岗前培训。岗前培训就是上岗之前的培训，主要针对仓库新进人员。岗前培训的内容如图9-19所示。

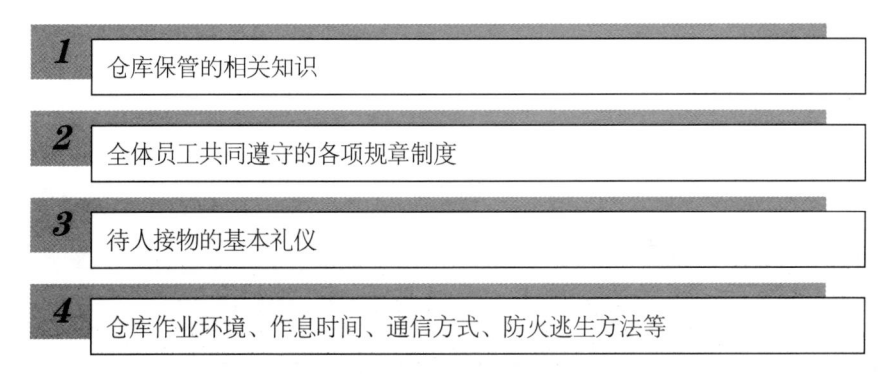

1. 仓库保管的相关知识
2. 全体员工共同遵守的各项规章制度
3. 待人接物的基本礼仪
4. 仓库作业环境、作息时间、通信方式、防火逃生方法等

图9-19 岗前培训的内容

② 在岗培训。在岗培训是指为了提高仓库人员的工作技能，在工作的同时，为其提供的各种有针对性的培训活动。在岗培训有图9-20所示的内容。

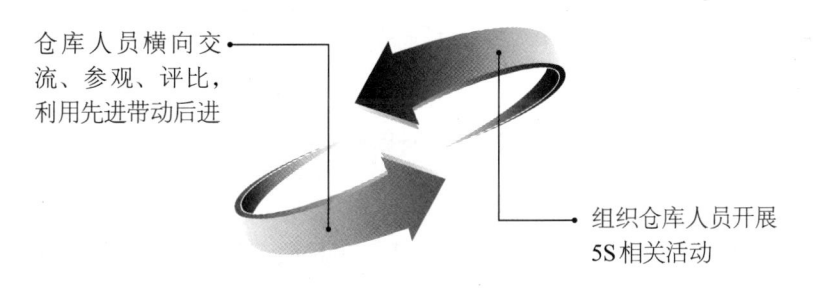

- 仓库人员横向交流、参观、评比，利用先进带动后进
- 组织仓库人员开展5S相关活动

图9-20 在岗培训的内容

三、5S执行中存在的问题

1.问题产生的原因

（1）整理方面

仓库整理常见的问题有：不用的杂物、设备、材料、工具都堆放在仓库，使仓库变成

杂物存放地；货架大小不一，物品摆放不整齐等。

这种情况产生的原因如图 9-21 所示。

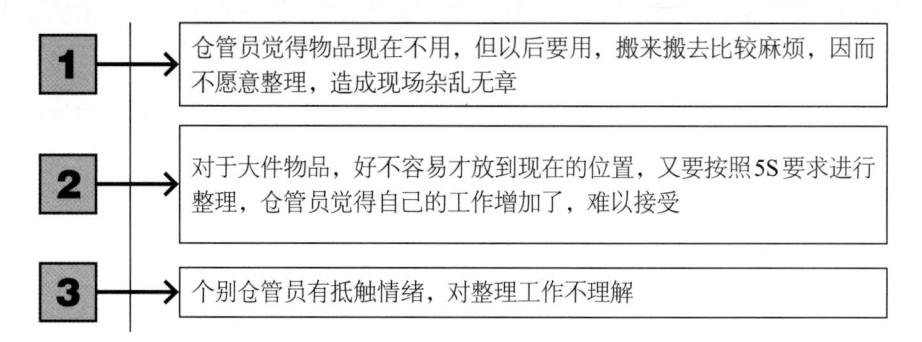

1 → 仓管员觉得物品现在不用，但以后要用，搬来搬去比较麻烦，因而不愿意整理，造成现场杂乱无章

2 → 对于大件物品，好不容易才放到现在的位置，又要按照5S要求进行整理，仓管员觉得自己的工作增加了，难以接受

3 → 个别仓管员有抵触情绪，对整理工作不理解

图 9-21　整理问题产生的原因

（2）整顿方面

仓库整顿常见的问题有：货架上的物品没有"物品收发登记卡"，管理状态混乱，除了当事人之外，其他人很难找到；货架太高或物品堆积太高，不易拿取；没有按"重低轻高""大低小高"的原则摆放。

这种情况产生的原因如图 9-22 所示。

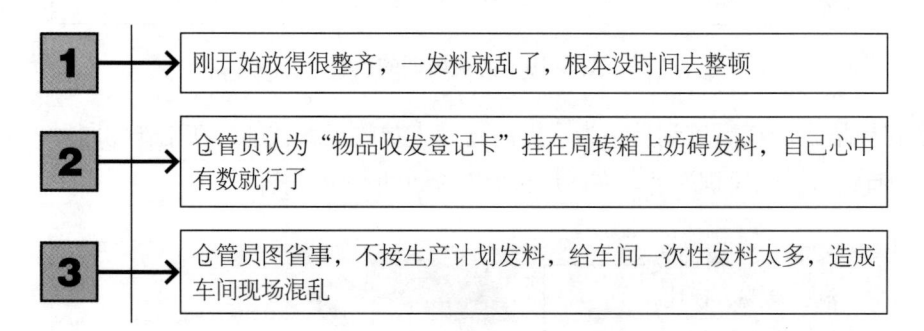

1 → 刚开始放得很整齐，一发料就乱了，根本没时间去整顿

2 → 仓管员认为"物品收发登记卡"挂在周转箱上妨碍发料，自己心中有数就行了

3 → 仓管员图省事，不按生产计划发料，给车间一次性发料太多，造成车间现场混乱

图 9-22　整顿问题产生的原因

（3）清扫方面

仓库清扫常见的问题有：物品连同外包装箱一起放在货架上，影响仓库的整齐划一；只扫货物不扫货架，清扫不彻底。

这种情况产生的原因如图 9-23 所示。

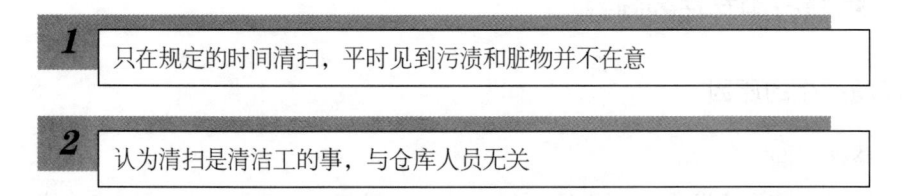

1　只在规定的时间清扫，平时见到污渍和脏物并不在意

2　认为清扫是清洁工的事，与仓库人员无关

3 清扫区域过高、过远，手不容易够到，于是死角很多

4 清扫工具太简单，许多脏物无法清除

图 9-23 清扫问题产生的原因

（4）清洁方面

仓库清洁常见的问题有：突击打扫很卖力，但很难长久维持。

这种情况产生的原因如图 9-24 所示。

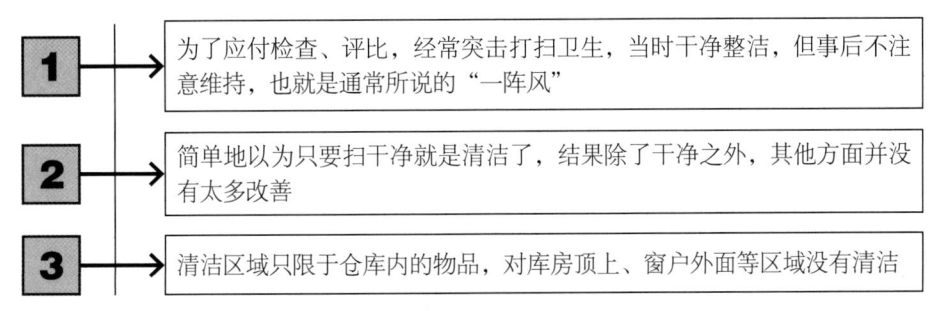

1 为了应付检查、评比，经常突击打扫卫生，当时干净整洁，但事后不注意维持，也就是通常所说的"一阵风"

2 简单地以为只要扫干净就是清洁了，结果除了干净之外，其他方面并没有太多改善

3 清洁区域只限于仓库内的物品，对库房顶上、窗户外面等区域没有清洁

图 9-24 清洁问题产生的原因

（5）素养方面

素养方面的问题主要有：工作缺乏主动性，就事论事，工作没有创新。

这种情况产生的原因如图 9-25 所示。

| 只是按照规章制度的要求去工作，不动脑筋思考如何做得更好 | **1** **2** | 认为只要做好本职工作就可以了，没有必要再花时间做其他工作 |

图 9-25 素养问题产生的原因

2.问题的应对措施

针对上述问题，可采取图 9-26 所示的应对措施。

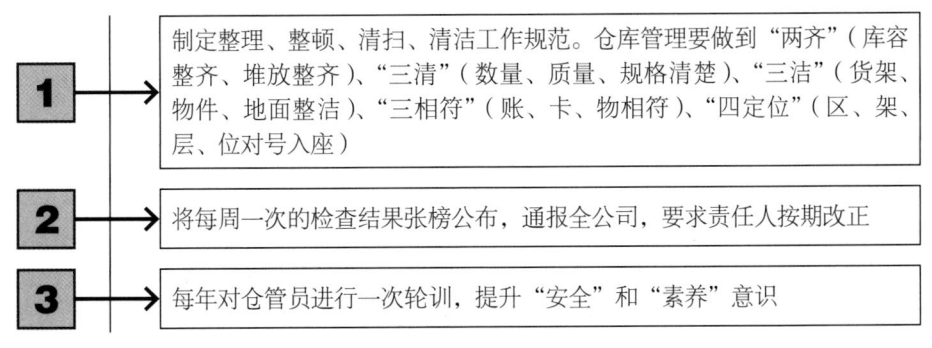

1 制定整理、整顿、清扫、清洁工作规范。仓库管理要做到"两齐"（库容整齐、堆放整齐）、"三清"（数量、质量、规格清楚）、"三洁"（货架、物件、地面整洁）、"三相符"（账、卡、物相符）、"四定位"（区、架、层、位对号入座）

2 将每周一次的检查结果张榜公布，通报全公司，要求责任人按期改正

3 每年对仓管员进行一次轮训，提升"安全"和"素养"意识

图 9-26 问题的应对措施

第二节　仓库安全管理

安全管理是仓库管理的重要组成部分，贯穿于仓库作业的各个环节。仓管员应重视仓库的安全管理工作，及时发现问题，并采取措施消除隐患，确保仓库中人、财、物的安全。

一、仓库意外事件

仓库一旦发生意外事件，便关系人员与财物的安全，因此，仓管员应格外重视仓库安全。仓库发生意外事件的原因如图 9-27 所示。

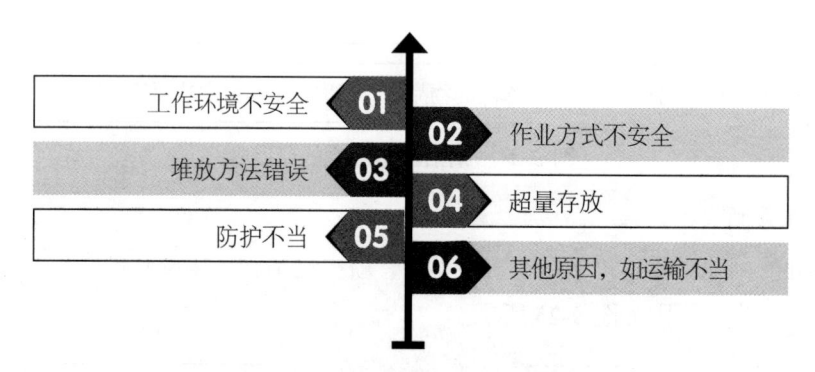

01 工作环境不安全
02 作业方式不安全
03 堆放方法错误
04 超量存放
05 防护不当
06 其他原因，如运输不当

图 9-27　仓库发生意外事件的原因

二、仓库安全管理

1. 库房安全

仓管员应定期检查库房结构，对于地面裂缝、地基沉陷、结构损坏、周围山体滑坡、塌方，以及防水层渗漏和排水沟堵塞等情况，应及时处理。

库房钥匙应集中存放在仓库控制区门卫值班室，由业务部门、门卫值班室和仓管员三方控制。仓管员领取钥匙时应办理手续，下班后应立即交回。对于存放易燃易爆、贵重物品的库房，应由两人分别掌管钥匙、两人同时进库。有条件的库房，还应安装监控装置。

2. 电器设备安全

（1）用电系统的设计、用电设备的选择和安装，必须符合技术规范或规程。

（2）定期检查电器线路有无破损、漏电、老化现象。

（3）电源开关的位置离地面应大于 1.5 米。灯泡离地面应大于 2 米，与可燃物间的距离应大于 0.5 米。灯泡正下方，不准堆放可燃物。

（4）仓库内的灯泡严禁用纸、布或其他可燃物遮挡。仓库内可使用 60 瓦以下的灯泡，严禁使用日光灯或 60 瓦以上的灯泡，最好使用防爆灯。

（5）库房内不准私拉乱接电线。

（6）库房内不准设置移动式照明灯具，必须使用时应报消防部门批准，并有安全保护措施。

（7）库房内敷设配电线路时，应穿金属管或用非燃性硬塑料管保护。

（8）库房内不准使用电炉、电烙铁、电熨斗、电热杯、电视机、电冰箱等电器。

（9）仓库电器设备的周围和架空线路的下方，严禁堆放物品。对输送机、升降机、吊车、叉车等易产生火花的部位以及电机、开关等受潮后易出现短路的部位，应设置防护罩。

（10）应按照国家有关规定在仓库设置防雷装置，并定期检测。对影响防雷装置的高大树木和障碍物，应及时清理。

3. 颜色管理

在仓库中利用颜色进行管理，是防止人员和物料发生意外的有效措施之一。仓管员应熟悉各种颜色的含义。

（1）红色具有警告及禁止的含义，如装有危险品的容器及禁止烟火的标志，都用红色表示。

（2）黄色是特别注意的含义。

（3）绿色是安全的含义。

（4）白色和黑色相间的斜纹，用以指示目标物。

（5）紫色表明物品具有放射性等。

三、人员安全作业管理

仓库人员安全作业管理是指在物品装卸、搬运、储存、保管过程中，为了防止货物受损、保障员工安全而采取的措施。

1. 树立安全意识

企业应定期对仓管员进行安全培训，提高仓管员的安全意识。

2. 提高操作技能

企业可利用机械设备和自动装置，减少人工装卸并提高仓库作业的安全性。同时，还应对仓管员定期开展岗位培训和技能考核，提高员工的业务水平，有效降低事故发生率。

3.严格执行安全规程

仓库安全操作规程，是经过实践检验的能有效降低事故发生率的规范化操作方法，因此，仓管员应严格执行。

四、仓库消防管理

仓库内储存着大量的物品，如果发生火灾，将造成巨大的损失。因此，消防管理是仓库安全管理的重中之重。

1.仓库中常见的火灾隐患

仓库中常见的火灾隐患如表 9-3 所示。

表 9-3　仓库中常见的火灾隐患

序号	隐患点	具体说明
1	电器设备方面	（1）电焊、气焊作业违章，且没有防护措施 （2）超负荷用电 （3）违章使用电炉、电烙铁、电热器等 （4）使用不符合规格的保险丝和电线 （5）电线老化，绝缘破裂
2	储存方面	（1）没有分区分类保存，易燃易爆品存入一般库房 （2）储存场所温湿度超过正常范围 （3）库房内的灯具不符合要求 （4）易燃液体挥发渗漏 （5）易燃物品堆码过实，通风散热不良
3	机具方面	（1）无防护罩的汽车、叉车、吊车进入库区或库房 （2）使用易产生火花的工具 （3）在库内停放、修理汽车 （4）用汽油擦洗零部件 （5）叉车内部皮线破露、油管老化漏油
4	火源管理方面	（1）外来火种和易燃品因检查不严而被带入库区 （2）人员在库区吸烟 （3）在库区擅自使用明火 （4）炉火设置不当或管理不严 （5）易燃物未及时清理

2.火灾的预防

（1）仓库防火措施

仓库的防火措施主要如图 9-28 所示。

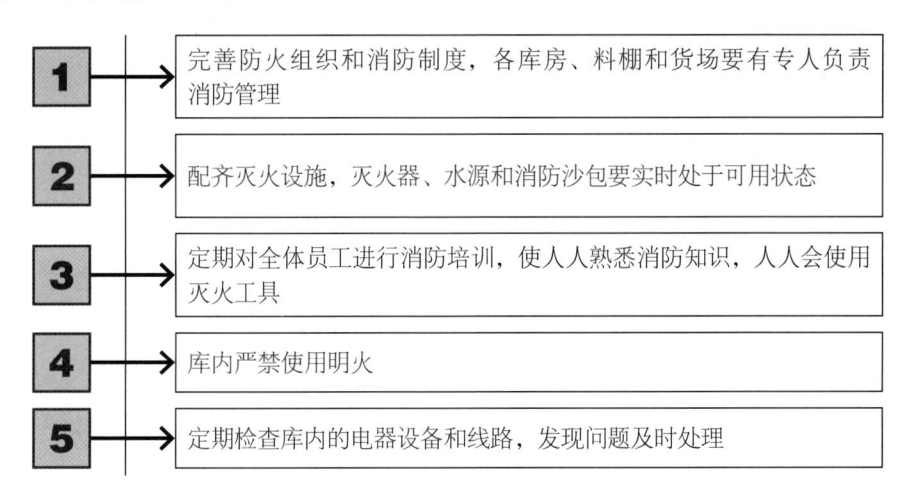

1. 完善防火组织和消防制度，各库房、料棚和货场要有专人负责消防管理
2. 配齐灭火设施，灭火器、水源和消防沙包要实时处于可用状态
3. 定期对全体员工进行消防培训，使人人熟悉消防知识，人人会使用灭火工具
4. 库内严禁使用明火
5. 定期检查库内的电器设备和线路，发现问题及时处理

图 9-28　仓库防火措施

（2）危险品防火要点

危险品防火，应注意表 9-4 所示的几个要点。

表 9-4　危险品防火要点

序号	防火要点	具体说明
1	防止明火引起的火灾	禁止把火种带入库区，严禁在库区、货区吸烟。需对金属容器进行焊接时，应在库房外指定的安全地带操作
2	防止摩擦和冲击引起的火灾	在搬运装有易燃易爆品的金属容器时，严禁滚、摔或拖拉，以防止相互撞击、摩擦产生火花；同时也不得使用能够产生火花的工具开启容器；进入库房的任何工作人员，都不能穿带铁钉的鞋，以防止铁钉与地面摩擦产生火花
3	防止电器设备引起的火灾	装运易燃易爆品的电瓶车、电动吊车、电动叉车，以及库房内的电源线路和其他电器设备，必须采用防爆式的，并在工作结束后立即切断电源
4	防止化学反应引起的火灾	浸油的纱布、抹布等不得放置在库房内，以防止自燃
5	防止日光聚集引起的火灾	用玻璃容器盛装可燃、易燃液体，在露天搬运和储放时，应防止太阳聚光而引起燃烧；存放易燃易爆品的库房玻璃应涂上浅色油漆，以防止日光照射；装有压缩或液化气体的钢瓶、装有低沸点易燃液体的铁桶容器以及易燃易爆物品、受热容易蒸发的物品，都不得暴晒在阳光下

五、物品安全管理

1. 一般物品安全管理

物品储存应分区分类，不同类型的物品不能混存。同时，物品储存，应有专人负责。仓管员应定期检查。

2. 特殊物品安全管理

储存特殊物品，除了要遵守物品管理制度和公安部门的管理规定外，还应根据这些物品的性质和特点，制定专门的储存管理办法。

（1）设专库（柜）储存。储存场所必须符合防盗、防火、防爆、防破坏等条件。企业还可以根据实际情况安装防盗门、监控器、报警器等装置。外部人员禁止进入库房。

（2）保管特殊物品，应由专业人员负责，并且实行两人管理制，一人无收发权。

（3）制定严格的审批、收发、退货、交接、登账制度，防止物品在储存、运输、装卸、堆码、出入库等过程中发生丢失、泄漏、污染等事故。

（4）特殊物品要有相应的防保措施，仓管员应定期进行盘点和检查，保证账物相符。

（5）对过期失效和报废的易燃、易爆、剧毒、腐蚀性、污染性、放射性物品，应按照公安部门和环保部门有关规定进行处理，企业不得随意销毁。

六、仓库防盗管理

仓库防盗管理包括防内盗管理与防外盗管理两部分。

1. 防内盗管理

仓库发生内盗的主要原因是，仓库人员素质低下与监管措施薄弱，可以从以下两个方面预防，如图 9-29 所示。

- 措施一：开展素质培训、明确职责分工、加大处罚力度等，提高仓库人员的素质
- 措施二：强化监管措施，如增加监控设施、提升监管水平、开展有奖举报等

图 9-29 防内盗措施

2.防外盗管理

仓库发生外盗的主要原因是，仓库管理存在漏洞，预防措施如图 9-30 所示。

措施一	加大管理力度，如完善管理制度、提升奖惩幅度、实行领导负责制等
措施二	消除管理漏洞，完善管理机制，比如，增设保安人员、更新监控系统、加强巡逻等

图 9-30　防外盗措施

附录

仓库管理常用术语

一、常见仓库管理系统

WMS 系统（Warehouse Management System 的英文缩写）：即仓库管理系统，具有批次管理、物料调拨、库存盘点、质检管理、虚仓管理和即时库存管理等功能，可有效控制并跟踪仓库业务和成本管理全过程，完善企业的仓储信息管理。

OMS 系统（Order Management System 的英文缩写）：即订单管理系统，在接到客户订单信息以及仓储管理系统发来的库存信息后，可按客户紧急程度将订单分类，对不同地点的库存进行配置，并确定交付日期。

TMS 系统（Transportation Management System 的英文缩写）：即运输管理系统，主要用于配载运输过程管理，具有配载作业、调度分配、线路规划、行车管理等多项功能。

BMS 系统（Billing Management System 的英文缩写）：即结算管理系统，支持各种类型业务的费用结算，如运输费用、仓储费用、仓库操作费用以及物流服务费用等。

ERP（Enterprise Resource Planning 的英文缩写）：即企业资源计划，主要用于质量管理、业务流程管理、库存管理、分销与运输管理，以结果为导向。

WCS 系统（Warehouse Control System 的英文缩写）：即仓库控制系统，主要用于自动化立体仓库中，是自动化立体仓库的重要组成部分。它向上获取 WMS（仓储管理系统）的作业任务，向下对自动化设备下达详细的操作指令，并协调各物流设备如输送机、堆垛机、穿梭车以及机器人、自动导引小车等的运行。

二、常见仓管英文名词

PDA（Personal Digital Assistant 的英文缩写）：是仓库现场使用的一种手持终端设备，也叫手持电脑，入库扫描、订单指派、扫描拣货、波次分拣、动态盘点、出库装载等环节都会用到 PDA。

RFID（Radio-Frequency Identification 的英文缩写）：即射频识别技术，又称电子标签，通过射频标签自动识别货物信息。

VMI（Vendor Managed Inventory 的英文缩写）：一种供应商库存管理模式，以市场需求为导向，对库存进行管理。

3PL（Third-Party Logistics 的英文缩写）：第三方物流的简称，多指合同物流公司。

SKU（Stock Keeping Unit 的英文缩写）：库存保有单位，即仓库储存的单项商品。物流系统中每一个物料编码都可看成是一个 SKU。

SOP（Standard Operation Procedure 的英文缩写）：即标准作业流程，也可以理解为操作手册。

AGV（Automated Guided Vehicle 的英文缩写）：是一种柔性化和智能化的物流搬运机器人。

JIT（Just In Time 的英文缩写）：即零库存生产方式，其基本理念是以需定供，以准时生产为出发点，目的是减少库存成本。

三、常见仓储管理名词

备货：根据出库单拣选出库货物。

物流单证：物流过程中产生的各类单据、凭证的总称。

堆垛：也叫堆码，简单来说就是把货物整齐地堆放到一起。

标签：仓库货架、托盘、货位上用于表明物品信息的标识，有固定的编号和文字描述。

商品编码：为方便管理，为每一种物品赋予的号码，一般为六位数。

防盗标签：防盗窃的磁性标签或磁扣。

抽盘：对仓库各类物品随机抽查盘点。

上架：把货物放到指定的库位/货架。

理货：即整理、分拣等仓库作业。

盘点：对仓库内的货物进行清点盘查。

补货：库存不足时，向供应商下达采购订单，补充货物。

箱唛：瓦楞纸箱上印刷的包含所装产品名称、数量及瓦楞纸箱尺寸等信息的图案和文字。

月台：仓库装卸平台。

缺货：库存无法满足生产需求。

断货：库存物品为零。

库位号：即库位的编码。如果是货架储存，也可称为架号或架位号。

先进先出：优先发出先入库的货物。

先零后整：在库存货物有零有整的情况下，先出库零散货物。

安全库存：为防止一些不确定因素而设定的缓冲库存。

周期盘点：一定周期内对仓库进行盘点，一般有日盘、周盘、月盘、季度盘点、年度盘点等。

呆滞物料：就是仓库中既用不了又不能出库的物料。

逆向物流：客户委托第三方物流公司将交寄物品从用户指定地点送达客户所在地的过程。